中国文化融入英语专业课程研究

张 楠 著

中国建材工业出版社
北 京

图书在版编目（CIP）数据

中国文化融入英语专业课程研究/张楠著. --北京：中国建材工业出版社，2023.11

ISBN 978-7-5160-3909-0

Ⅰ.①中… Ⅱ.①张… Ⅲ.①英语—教学研究—高等学校 Ⅳ.①H319.3

中国国家版本馆 CIP 数据核字（2023）第 223516 号

中国文化融入英语专业课程研究

Zhongguo Wenhua Rongru Yingyu Zhuanye Kecheng Yanjiu

张　楠　**著**

出版发行：中国建材工业出版社
地　　址：北京市海淀区三里河路 1 号
邮　　编：100044
经　　销：全国各地新华书店
印　　刷：北京传奇佳彩数码印刷有限公司
开　　本：787mm×1092mm　1/16
印　　张：10
字　　数：134 千字
版　　次：2024 年 5 月第 1 版
印　　次：2024 年 5 月第 1 次
定　　价：59.80 元

本社网址：www.jccbs.com，微信公众号：zgjcgycbs

前言

英语教育是中国各个层次教育的重要组成部分。21 世纪的英语教育改革，最根本的目的是要造就基础扎实、知识面广、思路开阔，对社会变迁有较强的适应能力、应变能力、自主能力和良好身心素质的“通”“专”结合的专业人才。要达到这样的目的，关键是提高学生在语言文化学习过程中的投入、参与和运用的程度，特别是在夯实语言基础和专业基础的同时，多侧面、多层次、多渠道地培养学生的社会文化能力，真正做到“教语言、教文化、教育人综合统一”。在英语教学中，一方面要发挥教师的主导作用，另一方面要充分发挥和调动学生的学习积极性。只有二者相互协调，才能取得较好的教学效果。调动学生的积极性要求教师在教学中贯彻以学生为中心的原则。联系文化教授语言，固然要注重外来文化的导入，同时不应忽略适时适度地导入本民族文化，应鼓励学生将英语与本民族文化结合起来，努力用英语来介绍本民族文化中独有的现象和思想。跨文化交际是双向的“对话”，并不是单方面的“独白”。西方需要借鉴中国传统的“和合文化”，以吸收其兼收并蓄的精神而更利于文化融合；中国也要借鉴西方的人文精神，才会更富于创新、进取。

本书是英语教学方向的书籍，主要研究中国文化融入英语专业课程。本书从英语教学基础理论入手，介绍了英语教学的理论、构成因素和原则；接着阐述了文化导入英语教育的内容，探讨了英语专业教学文化转向的思路；最后探究了中国文化与英语教学融合的相关问题，着重研究了中国文化在英语专业教学中的融合与渗透。希望本书的出版对英语专业教学与文化融入的应用创新有一定的借鉴意义。

本书在写作的过程中，参阅、借鉴和引用了国内外许多同行的观点和成果。各位同仁的研究奠定了本书的学术基础。由于水平有限，时间仓促，书中不免有错误、疏漏、不妥之处，恳望读者批评指正。

目 录

第一章　英语教学基础理论

第一节　英语教学的理论概述

一、语言学理论

（一）语言功能理论

语言是在完成其功能中不断演变的，语言的社会功能会影响到语言本身的特性。具体来说，语言功能可以分为以下三种。

1. 微观功能

微观功能是儿童在学习母语的初级阶段出现的，它包括以下七种功能。

（1）个人功能

个人功能是指儿童可以运用语言来表达自己的感情、身份或观点看法。

例如：I like the toy car.

（2）规章功能

规章功能是指儿童可以通过语言来控制他人的行为。

例如：Finish the task as I have told you.

（3）想象功能

想象功能是指儿童可以运用语言来创造一个幻想的环境或世界。

例如：Suppose I am the king and you are the queen. . . .

（4）启发功能

启发功能是指儿童可以通过语言来认识和探索周围的世界，学习和发现问题。

例如：Tell me why. . . .

（5）工具功能

工具功能是指儿童可以通过语言来获取物质后，满足其对物质的需求。

例如：I want. . . .

（6）相互关系功能

相互关系功能是指儿童可以通过语言与他人进行交往。

例如：Me and you.

（7）信息功能

信息功能是指18个月大的儿童可以通过语言向别人传递信息。信息功能是在儿童成长后期掌握的。

需要指出的是，在儿童语言中，一句话只有一种功能而不会出现多种功能。随着儿童语言逐渐向成人语言靠拢，功能范围逐渐缩减，这些微观功能就让位于宏观功能。

2. 宏观功能

相对于微观功能，宏观功能更为复杂、丰富和抽象。它是儿童由原型语言向成人语言过渡阶段出现的语言功能。宏观功能包括以下两类。

（1）实用功能

实用功能源于儿童早期微观功能中的工具功能、相互关系功能和控制功能。它是指儿童将语言视为做事的工具或手段。

（2）理性功能

理性功能是由儿童早期微观功能中的个人功能、启发功能等演变而来的。它是指儿童将语言视为学习知识和观察事物的途径和方法。

宏观功能与微观功能、纯理功能存在功能上的延续性，这反映了人类语言为数不多的几种功能可被运用于多种社会场合，同时也反映了人类在运用语言的过程中创造语言的必要性。

3. 纯理功能

纯理功能在功能语言学派中影响巨大。纯理功能包括以下三种。

（1）人际功能

人际功能是指语言具有表明、建立和维持社会中人的关系的作用。通过此功能，讲话者能通过某一情境来表达自己的推断、态度，并对别人的态度、行为造成影响。

（2）篇章功能

篇章功能是指语言具有创造连贯的话语或文章的功能，这些话语和文章对语境来说是切题和恰当的。语篇是具有功能的语言。

（3）概念功能

概念功能是指人们通过语言将自己的内心世界和现实世界的经历进行表述的功能。语言的概念功能是指人们以概念的形式对其经验加以解码，并对主、客观世界发生的人、事、物等因素进行表达和阐述。

几乎每个句子都能体现语言的人际功能、篇章功能和概念功能，并且这三种功能经常同时存在。

（二）二语习得理论

20 世纪 70 年代，美国语言教育家克拉申（S. Krashcn）针对第二外语的习得，提出并发展了二语习得理论。该理论是最具争议的二语学习理论之一，共包括以下五个部分。

1. 习得—学习假设

“学习”和“习得”不同，它们是培养外语能力的两种途径。“学习”是学习者通过课堂学习等方式有意识地掌握语言语法规则的过程；而“习得”是学习者在无意识的状态下形成并掌握语言能力的过程，是一种类似于小孩子学习母语的过程。

语言学习只能监控和修正语言，却不能发展交际能力，外语应该通过习得来获取。另外，习得能够发展交际能力。

2. 自然顺序假设

一种语言的语法规则或结构是按一定的、可以预知的顺序习得的，这种情况也适用于第二语言（外语）的学习。

3. 输入假设

理想的输入应具备以下四个特点：

首先，应具有足够的输入（i+1）。“i+1”是克拉申提出的著名公式。其中，“i”代表习得者现有的水平，“+1”表示语言材料应略高于习得者目前的语言水平。这意味着，只要习得者能理解输入的材料，且达到了一定的量，就已经自动有了这种输入。

其次，应具有可理解性。输入的语言必须可以理解，不可理解的输入对学习者不仅无用，而且还会损害学生学习的积极性。可理解性的语言输入是语言习得的必要条件。

再次，应既有趣，又有关联。趣味性与关联性可以增强语言习得的效果。

最后，应按照非语法程序安排。在语言习得的过程中不必按语法程序安排教学活动，重要的是要有足够的可理解的输入。

按照克拉申的外语教学理论，外语教学时应尽量向学生提供可理解的语言输入，教师应使用一切手段来增加语言输入的可理解性。

4. 监察假设

有意识的学得（知识或规则）只能起到监察的作用。这种监察作用可以发生在写或说之前或之后。需要指出的是，学得的监察作用必须具备以下三个条件才能发挥作用：有足够的时间；知道规则；注意语言形式。此外，这种监控作用在不同的语言交际活动（如口头表达与书面表达）中会导致不同的交际效果。

5. 情感过滤假设

“情感”指学习者的动机、需求、信心、忧虑程度及情感状态。这些情感因素会对语言的输入起到促进或阻碍的作用，因而又被视为可调节的过滤器。

根据情感过滤假设，外语学习者的积极情感态度有助于更多地输入目的语，而消极情感态度则会过滤掉很多的目的语。因此，教师还应避免施加压力给学生，要努力营造一个轻松愉快、自由自在的学习氛围。

(三) 输出假设

语言输入是实现语言习得的必要条件，但是除了这一必要条件还需要其他的条件。也就是说，若使学习者的英语学习达到较高的水平，除了对其进行可理解的输入外，还需要考虑学习者可理解的输出。

学习者需要充分理解并有效地运用既有的学习资源，将其准确、合理地输出在这一过程中，学生的语言水平才能得到较高程度的提升，也才能在不断输出的过程中意识到自己在语言表达方面所存在的问题。在英语教学实践中，教师应该尽可能地给学生提供充足的语言表达与运用的机会，不断地培养和提高学生语言表达的准确性和流利性。语言输出的作用主要体现在以下几个方面：

第一，检验自己所提出的假设是否正确，是否具有一定的可行性。

第二，使学习者侧重把握语言形式。

第三，让学习者能够有意识地进行自我反思。

输出假设对英语教学有一定启示。当教师意识到语言输出活动对语言学习的重要性之后，就会有针对性地设计一些交际性的口头或笔头的语言实践活动来进行教学，如让学生复述、小组讨论、组织辩论等。在编写教材的过程中也会侧重添加一些实际性的语言输出活动，如角色扮演、针对某一话题发表不同意见和见解等。

(四) 言语行为理论

言语行为理论作为语言语用研究中的一个重要理论，最初是由英国哲学家约翰·奥斯汀（John Austin）在 20 世纪 50 年代提出的。之后，美国的哲学语言学家塞尔（Searle）对言语行为进行了深入探讨。因此，这里主要介绍二人的观点。

1. 奥斯汀的言语行为理论

奥斯汀将话语分为表述句和施为句两大类别，在此基础上，他又提出了言语行为三分说。

(1) 表述句与施为句

表述句是用来描写、报道或陈述某一客观存在的事态或事实的句子。表述句可以验证，并且具有真假值。

例如：Jim is lying in bed.

如果 Jim 确实在床上躺着，这句话就为真；反之则为假。

施为句是用来创造一个新的事态以改变世界状况的句子。施为句不可以验证，也不具有真假值。

例如：I call the toy horse Spirit.

这个句子既无法验证，也无法判断真假。这个句子的意义在于给玩具马命名，即给客观环境带来了改变。

由此可见，表述句与施为句的最大区别在于表述句以言指事、以言叙事，而施为句以言行事、以言施事。

(2) 言语行为三分说

奥斯汀发现了表述句与施为句两分法的不足之处并修正了自己的观点，提出了更为成熟的言语行为三分说。言语行为三分说将言语行为分为以下三个层次：

第一，以言指事行为是指移动发音器官，发出话语，并按规则将它们排列成词、句子。它是通常意义上的行为。

第二，以言行事行为是通过说话来实施一种行为或做事。它是表明说话人意图的行为，可将以言行事行为简称为“语力”。以言行事行为可分为评价行为类、施权行为类、承诺行为类、论理行为类、表态行为类五个类别。

第三，以言成事行为就是以言取效行为，它是指说话带来的后果。需要说明的是，以言成事行为或以言取效行为只是用来指一句话导致的结果，不论结果如何都跟说话人的意图无关。

2. 塞尔的言语行为理论

塞尔的主要贡献是改进了奥斯汀对以言行事行为的分类，并提出了间接言语行为理论。

（1）对以言行事行为重新分类

塞尔将以言行事行为分为以下五类。

①承诺类

它表示说话人对未来的行为作出不同程度的承诺。此类行为的动词包括 threaten、pledge、vow、offer、undertake、guarantees、refuse、promise、commit 等。

②表达类

它表达说话人的某种心理状态。此类行为的动词包括 congratulate、apologize、deplore、regret、welcome、condole、boast 等。

③断言类

它表示说话人对某事作出真假判断或一定程度的表态。此类行为的动词包括 deny、state、assert、affirm、remind、inform、notify、claim 等。

④宣告类

它表示说话人所表达的命题内容与客观现实之间的一致。此类行为的动词包括 nominate、name、announce、declare、appoint、bless、christen、resign 等。

⑤指令类

它表示说话人不同程度地指使或命令听话人去做某事。此类行为的动词包括 request、demand、invite、order、urge、advise、propose、suggest 等。

塞尔的重新分类具有很强的科学性，直到今天仍在使用。

（2）间接言语行为理论

所谓间接言语行为，就是通过实施另一行为而间接得以实施的言语行为。

例如：Can you pass the bottle for me?

这种言语行为虽然表面上在进行“询问”，但实际上表达的是一种“请求”行为，即“请求”是通过“询问”间接实施的。

塞尔进一步将间接言语行为分为规约性间接言语行为和非规约性间接言语行为两个类别。规约性间接言语行为通常出于对听话人的礼貌，且根据话语的句法形式可立即推断出其语意。而非规约性间接言语行为往往比较复杂，需要更多地依靠交际双方共知的语言信息与所处的语境来进行推断。

二、心理学理论

（一）行为主义心理学

行为主义学习理论最初来源于俄罗斯生理学家巴甫洛夫（Ivan Pavlov）的“条件反射”概念。20 世纪初，美国心理学家华生（John B. Watson）创立了行为主义学习理论。美国学者斯金纳（B. F. Skinner）对华生的行为主义进行了继承和发展。这里主要介绍此二人的观点理论。

1. 华生经典行为主义理论

华生把有机体应付环境的一切活动称为“行为”，行为的基本成分是反应，反应分为习得的反应和非习得的反应。前者包括一切复杂习惯和一切条件反射，后者则指在条件反射和习惯方式形成之前的婴儿期所作的一切反应。华生将引发有机体反应的外部和内部的变化称为“刺激”，而刺激必然属于物理的或化学的变化。任何复杂的环境变化，最终总是通过物理变化或化学变化转化为刺激作用于人的身上。换句话说，刺激和反应都属于物理变化或化学变化，由此便形成刺激—反应（S—R）公式，通过刺激可以预测反应，通过反应可以推测刺激。

学习就是以一种刺激替代另一种刺激建立条件反射的过程。人类出生时只有几个反射和情绪反应，所有其他行为都是通过条件反射建立新的刺激—反应连接而形成的。华生认为，人类的行为都是后天习得的，环境决定了一个人的行为模式，无论正常的行为还是病态的行为都是经过学习获得的，也可以通过学习而更改、增加或消除。查明了环境刺激与行为反应之间的规律性关系，就能根据刺激预知反应，或根据反应推断刺激，达到预测并控制动物和人的行为的目的。他认为，行为就是有机体用以适应环境刺激的各种躯体反应的组合，有的表现在外表，有的隐藏在内部，在他眼里人和动物没什么差异，都遵循同样的规律。

2. 斯金纳新行为主义理论

斯金纳于 20 世纪 60 年代发表了《言语行为》（*Verbal Behavior*）一书，从行为主义角度对言语行为系统进行了分析。人们的言语以及言语中的各个部分都是在受到内部或外部的刺激的情况下产生的。具体来说，斯金纳提出了“操作性条件反射”的观点，这一观点强调语言学习的过程是一个不间断的操作过程，即发出动作然后得到一个结果或一个目的，这一动作就被称为“操作”。如果这一动作的结果是满意的，操作者就会重复“操作”，这时“操作”便得到“强化”，也称为“正向强化”。儿童的语言学习过程正是这样一个不间断的“操作”过程，使语言行为逐步形成。

在某一语言环境中，他人的声音、手势、表情和动作等都可以成为强化的手段。例如，教师可以通过表扬、肯定、满意的表示，使学生的某种言语行为得到强化。只有言语行为不断得到强化，学生才能逐渐养成语言习惯，学会使用与其语言社区相适应的语言形式。如果没有得到强化，语言习惯就不能形成，语言也就不能学习到。在学习时，只有反应“重复”出现，学习才能发生。因此，“重复”在学习中的作用是不容忽视的。

通过上述介绍可以看出，行为主义学习理论的形成主要基于以下六个观点：

第一，语言是一种习惯，是人类所有行为的基本部分，是在外界条件的作用下逐步形成的。

第二，在语言习得和语言学习过程中，外部影响是内在行为变化的主要因素。因此，语言行为和习惯受外部刺激的影响而发生变化，而不受内在行为的影响。

第三，儿童习得和学习语言的过程是按照操作制约的过程进行的，即发出动作—获得结果—得到强化。这也是儿童习得语言的最基本的客观规律。

第四，学习是刺激与反应的连接，其基本公式为S—R。也就是说，有怎样的刺激，就有怎样的反应。

第五，学习过程是一种渐进的尝试错误的过程。学习进程的步子要小，认识事物要由部分到整体。

第六，强化是学习成功的关键。语言行为需要正向强化才能形成并得到巩固。正向强化主要指学习上的成就感及他人的赞许和鼓励，它是帮助学习者形成语言习惯重要的外部影响因素。

当然，行为主义学习理论有很多不足之处。例如，它完全否认人类学习的内在心理机制，忽视了人类的主观能动性，难免会走向机械主义和环境决定论，受到认知主义等学习流派的批评。尽管如此，行为主义心理学的研究对英语教学仍有着重大影响，这些影响明显体现在实际的英语教学实践中。例如，在语言学习的初级阶段，学生的不断观察、模仿和实践就是遵循了行为主义的学习理论。在外语教学的初级阶段，反复操练被看作语言学习的一个重要且有效的手段，并得到了广泛的应用。

（二）人本主义心理学

人本主义的学习理论起源于20世纪五六十年代在美国兴起的一种心理学思潮，被称为“心理学的第三势力”。人本主义心理学起初并不形成于对学习和学习过程的研究，而是从临床心理学家、社会工作者和心理咨询工作者等一些对人类行为的基本原理和基本假设持有相似观点的心理学家的应用研究中产生的。人本主义心理学的主要发起者是美国心理学家马斯洛（A. H. Maslow），近年来影响较大的代表人物是美国心理学家罗杰斯（C. R. Rogers）。他们认为，教育能够为学习者提供一个心理环境，这个环境充满人情味，学习者在这个环境中得到辅导并将其固有潜能充分地发挥出来。

1. 学习动机论

人本主义心理学的动机论是以马斯洛的“需求层次论”为基础的。马斯洛从人的自我实现需要出发，将人的需要从低级到高级分为五个等级：生理需求、安全需求、社交需求、尊重需求、自我实现需要。其中，自我实现需求指的是人类能把自身中的潜在东西变成现实的东西的基本倾向，是最高层次的需求。自我实现是对天赋、能力、潜力等的充分开拓和利用。这样的人能够实现自己的愿望，对力所能及的事总是尽力去完成。人具有“自我实现”的动机，有“自我实现”需要的人总是致力于他们认为重要的学习和工作。

以马斯洛的需求层次理论为基础，罗杰斯提出了“自我实现”的三个阶段。

（1）“映射”阶段

在这一阶段，人的自我发展是由外界要求的“映射”产生的。例如，学生说“我要努力学习，因为老师这样要求我们”。

（2）混乱阶段

当学生有一定的自我意识时，教师对学生的要求往往与学生自己的观点产生矛盾，结果造成学生无所适从，处于混乱阶段。

（3）自我实现阶段

当学生的自我意识占据主导地位并认识到了自己的价值和能力时，学生便能独立地、创造性地作出判断和决定，从而实现自己的愿望。

针对如何使学生具备“自我实现”的学习动机问题的建议，主要有以下几点。

①避开过去

学生在学习时，应将全部身心投入学习中，排除先前事件的影响。

特别是对于成绩比较落后的学生来说，如果他们总是持有“我以前学得不好”的观念，那么他们将会停滞不前，不能取得进步。

②保持积极接受的态度

所谓积极接受的态度，是指学生学习时，既要全神贯注、独立思考，又要虚心接受别人的意见。当人们以非干扰和安全接纳的方式与别人相处时，就能感受到更多东西。因此，同学之间的互帮互学十分重要。

③防止两种心理障碍

其一是“低俗化”，即自以为看透所有世俗，不相信神圣的、美好的东西。其二是“约拿情结”，这是指那种畏惧美好和神圣事物的心理障碍。

2. 学习类型论

（1）无意义学习

无意义学习只涉及心智，它不涉及人的感情或个人意义，与完整的人无关。无意义学习类似于无意义音节的学习。学生要记住这些无意义音节是一项困难的任务，因为它们是枯燥乏味、无关紧要、很快就会忘记的东西。学生在课堂里学习的内容，有许多对学生来说都具有这种无意义的性质。几乎每个学生都会发现，他们课程中有很大一部分内容对自己是无个人意义的。

（2）有意义学习

有意义学习不仅是一种增长知识的学习，而且是一种与每个人各部分经验都融合在一起的学习，是一种使个体的行为、态度、个性以及在未来选择行动方针时发生重大变化的学习。例如，一个5岁小孩迁居到另一个国家，在不进行任何语言教学的情况下，让他每天与新的小伙伴一起自由地玩耍，他在几个月内就会掌握一种新的语言，而且还会习得当地的口音。原因就在于他是以一种对自己有意义的方式去学习新语言的，所以学习速度极快。倘若请一个专门的语言教师去教他，在教学过程中使用对教师有意义的材料，那么他的学习速度将会极其缓慢，甚至停滞不前。有意义学习能将逻辑与直觉、理智与情感、概念与经验、观念与意义等结合在一起。当以这种方式学习时，人就成了一个完整的人，即成了能够充分利用自己所有阳刚和阴柔方面的能力来学习的人。

有意义学习包括如下四个要素：

其一，学习具有个人参与的性质，即整个人的认知和情感都投入学习活动之中。

其二，学习是自我发起的，学生由于内在的愿望主动去探索、发现和了解事件的意义。

其三，学习是渗透性的，它会使学生的行为、态度乃至个性发生变化。

其四，学习是由学生自我评价的，学生自己评估自己的学习需求、学习目标是否完成等，因为只有学生最清楚某种学习是否满足自己的需要、是否有助于获取他想要知道的东西、是否明了自己原来不甚清楚的某些方面。

3. 学习实质论

人本主义心理学指出学习的实质是形成与获得经验，学习的过程就是经验的形成与获得的过程。在人本主义心理学的基础上，人本主义学习理论从以下四个方面来解释学习的实质。

（1）学习即“形成”

人本主义学习理论重视学习方法的学习和掌握，强调在学习过程中获得知识和经验。在实际学习过程中，很多有意义的知识或经验不是从现成的知识中学到的，而是在做的过程中获得的。学生通过参加学习活动，进行自我发现、自我评价和自我创造，从而获得有价值的、有意义的经验，即获得如何进行学习的方法或经验。所以，最有用的学习是学会如何进行学习。

（2）学习即理解

个人的学习不是机械的刺激和反应之间的连接的总和，而是一个心理过程，是个人对知觉的解释。具有不同经验的两个人在知觉同一事物时，往往会出现不一致的反应，这是因为两个人对知觉的解释不同，所以他们所认识的世界以及对这个世界的反应也不同，而并非所谓的连接的不同所致。因此，要了解一个学生的学习过程，关键是要了解学生对外界情境或刺激的解释，而不是只了解外界情境或外界刺激。

（3）学习即潜能的发挥

人本主义心理学家认为，人类具有学习的自然倾向或学习的内在潜能，人类的学习是一种自发的、有目的、有选择的学习过程。人本主义的学习观将学生看作一个有目的、能够选择和塑造自己行为并从中得到满足的人。因此，教学的任务就是创设一种能够有效激发学生学习潜能的情境，以使学生的潜能得以充分发挥。教学要以学生为中心，教师的任务是帮助学生增强对自我和变化的环境的理解。此外，人本主义学习理论还强调学习过程应该是一个愉快的过程，在教学中不应将强迫、惩罚以及种种要求或约束作为促进学生学习的方法。

（4）学习是对学生有价值的学习

学习的内容应该是对学生有价值、有意义的知识或经验。只有当学生真正地了解所学内容的用处时，学习才能成为最好的、最有效的学习。通常来说，学生感兴趣并认为是有用处、有价值的经验或技能比较容易学习和保持；而那些学生认为是价值小且效用不大的经验或技能通常学习起来很困难，也容易遗忘。人本主义学习观提示教师要尊重学生的兴趣和爱好，尊重学生自我实现的需要，在课程内容的设置上给学生充分的自由，允许学生根据自己的兴趣和爱好以及自我需要来选择有关的学习内容。

（三）认知心理学

认知学习理论是通过研究人的认知过程来探索学习规律的学习理论。认知学习理论倡导者认为，学习就是面对当前的问题情境，在内心经过积极的组织，从而形成和发展认知结构的过程，强调刺激—反应之间的联系是以意识为中介的，强调认知过程的重要性。认知学习理论的代表人物有很多，其中瑞士心理学家皮亚杰（J. Piaget）是比较杰出的一位。

皮亚杰认为，无论一个人的认知多么高深、复杂，都可以追溯到他的童年，甚至是胚胎时期。皮亚杰的理论试图以认知的社会、历史根源以及认知所依据的概念和“运算”的心理起源为依据来解释认知，尤其是科学认知。在皮亚杰看来，人出生以后如何形成认知、发展思维，受哪些因素制约，各种不同水平的智力及思维结构是如何先后出现的等问题都值得研究。因此，他的研究主要集中在两个方面：认知发展的阶段性问题和认知发展的机制。其中，认知发展的阶段理论具有广泛的影响意义。

第二节　英语教学的构成因素

一、教师

教师是教学活动的组织者，也是影响教学效果的重要变量之一。教师的主导作用是在与学生的交往中得以实现的。教师在教学过程中，除了要充分发挥自身的主导作用，更要注重自身素质的提高。一名合格的英语教师应该具备以下三个方面的基本素质。

（一）专业素养

教师专业方面的素养包括如下几个方面。

1. 综合教学能力

综合教学技能是指在英语教学中所需要的语言本身之外的教学能力，主要包括书写、唱歌、绘画、制作、表演等。较强的综合教学技能要求如下：能写，即书写字迹工整规范；能唱，即能够结合学生学习的进程编写、教唱学生喜爱的英文歌曲；会画，即会画简笔画，并能运用于教学中；会制作，即能够设计制作适用于教学的各种教具，包括幻灯片、录像、电脑软件等；善表演，即能够充分利用体态语，以丰富的表情、协调的动作表达意义或情感，做到有声有色。

2. 系统的教学理论知识

系统的教学理论知识也是英语教师必须掌握的。所谓系统的教学理论知识，是指教师除了要具备教育学、心理学理论以外，还要掌握英语教学理论知识，主要包括现代语言知识、英语习得理论知识和英语教学法知识等。

3. 较高的语言水平

较高的语言水平是英语教师的基础，主要包括扎实的语言专业知识和较强的语言技能。教师不仅要具备系统的英语语音、语法知识，还要具备较大的词汇量，同时要具有良好的听、说、读、写能力。较高的语言水平是开展教学活动的基本保障，教师只有具备较高的语言水平，才能全面地掌握教材，才能向学生传授英语语言知识，培养学生的英语语言技能。

4. 英语教学的组织能力

英语教学的组织能力主要指教师动员和组织学生进行集体学习的能力。这一能力主要表现在教师有效地掌握课堂、有效地动员学生积极参加学习等方面。在有效掌握课堂方面，教师要做到以下几点：注意教材内容、自己的言语和言语表达；注意学生理解和表达的正确性，包括语音、语法、词汇及思想表达等方面的内容；注意课堂情绪和纪律；注意掌握学生的注意力。做到以上几点，教师才可以使课堂教学井然有序。要想有效动员学生积极参与学习，教师需要具有一定的创造性。教师一进课堂就会进入一种创造性的境界，思维活跃，能够很容易地自由运用知识技能，从而使学生得到有力的感染，愿意全身心地投入教师引导的学习活动中。教师流利的英语本身就是一种动员学生的力量，教师发音要清晰、准确、流利，内容易懂、明确，还要能根据学生的语言水平来组织自己的语言，使用学生学习过的词汇和语法结构。

5. 传授和培养英语知识技能的能力

（1）教师要善于讲解

讲解是所有教师所必须具备的最主要、最基本的工作能力。一名合格的教师要善于将复杂的教学内容变得通俗易懂，能够深入浅出地进行讲解。为此，教师不仅要充分了解学生的心理、生理特点以及学生的英语水平，还要认真细致地做好备课，并且要根据不同的内容选择适当的讲授方法，在讲解的过程中还要做到重点突出。

（2）教师要善于示范

英语教学既要传授知识，又要培养技能。学生语言技能的训练包括发音、书写、朗读、说话，这些都需要教师进行示范，然后学生对教师的示范进行模仿。教师要将示范和讲解相结合，用示范配合讲解，或者用讲解来突出示范中的重点，做到示范正确、标准。由于示范是为了让学生进行模仿，因此还要与学生的实践相结合。

（3）教师要善于提问启发

向学生提问是英语教学的重要手段，教师要善于使用这一手段。例如，在讲授新知识之前通过提问来复习旧知识；用提问检查与复习讲授的内容。使用提问教学手段时教师要注意两点：提出的问题要适合学生的实际水平；提问要注意调动全班学生的积极性。

（4）教师要善于引导学生进行练习

语言技能的培养需要大量的语言实践，如语音练习、语法练习、口语表达练习、听力培养练习、阅读练习、写作练习等。教师要熟悉各种练习形式的作用，并在英语课堂教学中引导学生进行各种练习活动，有效培养学生的语言技能。

（5）教师要善于纠正学生言语中的错误

学生学习英语是一个逐步进步的学习过程，在这个过程中难免会出现错误。有些错误是学生可以自行改正的，教师对此类错误不必纠正；而对于有些必须纠正的错误，教师也应该有策略、有技巧地进行纠正。

哪些错误需要纠正，哪些错误不需纠正，在何时纠正，如何纠正，都反映着教师的教学实践素质。

6. 较强的科研能力

以往的英语教学只要求教师具备一定的语言水平和教学水平。但是随着时代的发展，教育对教师提出了新的要求，教师除了语言水平和教学水平外，还要具备较强的教育科研意识和科研能力。

一名优秀的英语教师不仅是教学的实践者，还应该是科研的参与者，是英语教学与学习规律的研究者。教师应该结合自己的教学经验和教学实践，通过不断调查研究教学实践过程，分析总结经验，改进教学，并将其中成功的经验上升为新的理论，丰富我国的英语教学实践，促进我国英语教学的发展。

（二）师德素养

师德是教师最重要的素养，也是教师从事教育教学活动的动力源泉。师德决定着教师对学生的热爱、对事业的忠诚、对教学执着的追求和对人格的塑造。同时，师德还直接影响着学生的成长。因此，英语教师必须具有坚定的理想信念，具有科学的世界观、人生观、价值观，具有忠于人民的教育事业的敬业精神，具有热爱学生、关心学生、全心全意为学生的服务精神。教师只有自身真正懂得奉献、体现公正、具有责任感，才能言传身教。

（三）人格素养

人格素养是教师素养的综合体现。“学高为师，身正为范”概括了教师的职业特征和专业特征，同时也概括了对现代英语教师人格塑造的要求。一名优秀的英语教师应具有高尚的道德品行，令人愉快的个人性格，宽容、谦逊、好学的品质，正确的自我意识，良好的心理素质，幽默的语言表达，和谐的人际交往，端庄的仪表风度，崇高的审美素质，积极耐心的工作态度以及丰富的知识经验等。这些方面并不是孤立的，而是相互联系、相互影响的。

二、学生

学生是英语课堂教学的主体和中心。每个学生都是独特的个体，他们之间存在着各种差异，这些差异尤其体现在语言潜能、认知风格、学习动机、学习态度以及自身性格等方面，而且这些差异使他们理解和掌握新知识的速度和程度不尽相同。这里重点分析一下学生在各方面存在的差异。

（一）语言潜能差异

语言潜能是学习英语所需要的认知素质，或是学习英语的能力倾向，它是一种固定的天资。提高学生英语素质就是要培养学生的综合语言运用能力，而语言潜能正是就学生的认知素质来预测其学习英语的潜在能力。外语学习能力应包括以下几种：

第一，语音编码、解码能力，即关于输入处理的能力。

第二，归纳性语言学习能力，它是有关语言材料的组织和操作能力。

第三，语法敏感性，它是从语言材料中推断语言规则的能力。

第四，联想记忆能力，它是关于新材料的吸收和同化能力。

不同学生的语言潜能存在着差异。在教学过程中，教师应了解学生的语言潜能进而因材施教，使之针对不同的学习任务在不同场合发挥各自的长处，以收到事半功倍的效果。

（二）认知风格差异

认知风格是指人在信息加工（包括接收、储存、转化、提取和使用）的过程中，表现出来的认知组织和认知功能方面的持久一贯的风格，它既包括个体知觉、记忆、思维等认知过程方面的差异，也包括个体态度、动机等人格形成和认知功能与认知能力方面的差异。不同的学习个体有不同的认知风格。应该说，不同的认知风格各有其优势和劣势，但这并不代表学生的学习成绩有差别。学生之间可以有各自偏爱的信息加工方式，在学习不同材料时也会各有所长。当学生的认知风格与教师的教学风格、学习环境中的其他因素相吻合时，其学习成绩会更好。因此，教师应了解并尊重学生不同的认知风格类型，针对不同的学习任务和学习环境因材施教，妥善引导，使自己的教学特点与学生的需要有机联系，进而取得良好的教学效果。

（三）情感因素差异

情感因素方面的差异主要涉及以下几个方面。

1. 学习动机

学习动机是指激发个体进行学习活动，维持已引起的学习活动，并使行为朝向一定的学习目标的一种内在过程或内部心理状态。学习动机是直接推动学生进行英语学习的内部动力，是影响英语学习成绩的一个关键因素。学习动机来源于学习活动，也是学习活动得以发动、维持、完成的重要条件，并由此影响学习效果。

2. 性格

性格是指一个人对现实的态度和行为方式表现得比较稳定但又可变的心理特征，是学生的重要情感因素，也是决定其英语学习成功与否的关键因素之一。人的性格大体可以分为外向型和内向型两种。外向型的学生有利于交际方面的学习，因其喜欢交际，不怕出错，能积极参与英语学习活动，并在活动中寻求更多的学习机会；而内向型的学生在发展认知型学术语言能力上更占优势，因其善于利用沉静的性格从事阅读和写作。对教师来说，研究学生性格差异的最终目的是充分了解学生的个体差异和不同的心理状态，发挥不同性格学生的优势，因材施教，以获得更理想的教学效果。

3. 态度

态度是指个体对待他人或事物的稳定的心理倾向或为达到某种目的而作出的一定努力，是影响英语学习的重要因素之一。态度包括三个方面：情感成分，即对某一个目标的好恶程度；认知成分，即对某一个目标的信念；意动成分，即对某一个目标的行动意向以及实际行动。一般来说，对其他文化抱有好感，向往其生活方式，渴望了解其历史、文化和社会习俗的学生，对其文化与语言会持积极的态度，这样就可以获得良好的学习效果。反之，如果对某文化抱有轻蔑、厌恶甚至仇视的态度，则很难认真了解该文化并学好语言。此外，学生对学习材料、教学活动的组织形式及对教师的态度，都会影响到他们英语学习的效果。

对学生个体差异的分析是为了使教师能够根据学生的个体差异制订教学计划，选择适合的教学材料和方法，具有重要的实践意义。

三、教学内容

教学内容是连接学生和教师之间的桥梁，也是教学实践中不可或缺的一个重要构成因素。所谓教学内容，就是指在教学活动中为实现教学目标，师生共同作用的知识、技巧、技能、思想、观点、概念、事实、问题、行为习惯等的总和。教学内容是一种特殊的知识系统，既不同于语言知识本身，也不同于日常经历；既要考虑学科本身的知识体系，又要考虑学生的年龄特点和实际需求等。一般来说，教学内容包括以下几个方面。

（一）语言知识

基础英语语言知识是综合英语运用能力的有机组成部分，是语言学习和语言运用的重要内容之一。没有扎实的语言知识，就不可能具有较强的语言能力。

（二）语言技能

听、说、读、写是学习和运用语言必备的四项语言基本技能，是他们形成综合语言运用能力的重要基础和手段。听是分辨和理解话语的能力；说是运用口语表达思想、输出信息的能力；读是辨认和理解书面语言的能力；写是运用书面语表达思想、输出信息的能力。学生通过大量听、说、读、写的专项和综合性语言实践活动，形成这四种技能的综合运用能力，为真实语言交际奠定基础。

（三）情感态度

所谓情感态度，是指兴趣、动机、自信、意志和合作精神等影响学生学习过程和学习效果的相关因素，还有在学习过程中逐渐形成的祖国意识和国际视野。在教学中，教师应不断激发并强化学生的学习兴趣，引导他们逐渐将兴趣转化为稳定的学习动机，树立自信心，磨炼克服困难的意志，认识学习的优势与不足，乐于与他人合作，养成和谐和健康向上的品格。

（四）文化意识

在英语教学中，文化指所学语言国家的历史地理、风土人情、传统习俗、生活方式、文学艺术、行为规范、价值观念等。对学生来说，接触和了解英语国家的文化有利于学生对英语的理解和使用；有利于加深对本国文化的理解与认识；有利于提高人文素养，培养世界意识。因此，教师在教学中要主动向学生渗透文化意识，根据学生的年龄特点和认知能力，传授文化知识，培养文化意识和世界意识。

（五）学习策略

学习策略是指学生为有效地学习和发展而采取的各种行动和步骤。英语学习的策略包括认知策略、调控策略、交际策略和资源策略等。培养学习策略有助于学生有效学习英语，为终身学习奠定基础。使用有效的英语学习策略，可以改进英语学习方式，提升学习效果，还可以让学生学会如何学习，从而培养学生的终身学习能力。因此，教师要有意识地帮助学生形成适合自己的学习策略，对自己的学习过程和效果进行监控和反思，培养学生根据学习风格不断调整学习策略的能力，引导学生观察他人的学习策略，与他人交流学习体会，尝试不同的学习策略。

教材是教学内容的重要载体。在新课程改革中，教材是重要的教育教学因素。教材是教师用来教学的材料，也是学生用来学习的材料。简单地说，教材是为教师的教和学生的学服务的，是课堂的必需要素。然而，教材是死的，学生是不断变化的，而且任何教材的编写都受编者水平和资料的限制，不可避免地会存在某些缺点和不足。如果教师一味地以完成教学任务为目的，忽略学生的反应，按部就班地使用教材，恐怕很难起到促进学习的作用。因此，在教学过程中，教师应灵活处理不同的教材，在课上或课下询问学生的感受，及时调整教学的方法和进度。

四、教学环境

任何教学活动都是在一定的教学环境中进行的，教学环境是教学活动的基本要素之一，是开展教学活动的依托。同样，英语教学也必须在现实的英语教育环境中进行，所以英语教育受制于环境这一因素。

（一）教学环境的构成要素

英语教学环境是指英语教学赖以进行的实际条件，即能稳定教学结构、制约教学运作、促进个体发展的教育条件和环境因素。环境因素是制约和影响英语教学活动和效果的外部条件。教学环境主要由以下几个要素构成。

1. 学校环境

学校是为学生提供学习场所和学习手段的最佳环境，它对英语教学的影响更为重要和直接，决定着绝大多数学生英语学习的成败。学校环境主要包括课堂教学、接触英语时间的频率、班级的大小、教学设施、教学资料、英语课外活动、英语教师及其他教职工对英语的态度、校风班风和师生人际关系等。

2. 社会环境

社会环境是影响和制约英语教学过程的重要因素，它主要指社会制度、国家的教育方针、英语教育政策、经济发展状况、科学技术水平、人文精神、社会群体对英语学习的态度以及社会对英语的需求程度等。社会环境因素是英语教学向前发展的动力，对英语教学具有重要的导向作用。

3. 个人环境

个人环境主要包括学生的家庭成员、同学、朋友的社会地位，物质生活条件，文化水平，职业特点和对英语学习的态度、经验、水平及学习方式，成员之间的关系及感情，学生的经济状况，拥有的英语学习设备和用具等。个人环境也会对学生的英语学习产生一定程度的影响。

（二）教学环境对英语教学的意义

成功的英语语言学习活动离不开其得以存在、发展、交流、应用的各种环境因素。教学环境潜在地影响着教学活动的效果，是学生学习活动赖以进行的主要环境。教学环境对英语教学的意义主要表现在以下几个方面：

第一，促进教师在教学中更加努力地创设良好的英语课堂教学环境，充分利用现代化教学手段与教学资源，优化教学环境，提高学生对英语的运用能力。

第二，帮助教师正确认识环境对学生英语学习的客观影响，结合中国的英语教学实际，理性地分析、判断和选择外国的英语教学理论和教学方法。

第三，帮助教师有效地加工语言输入材料，科学地设计语言练习，创设良好的课堂英语使用环境。

第四，有利于教师在不断学习和实践优化课堂教学环境的策略、创设良好的英语教学环境的过程中，提高其自身的教学素质。

五、教学方法

语言教学教无定法，贵在有法。在英语教学历史上有多种教学方法都曾经发挥过重要作用，有效地促进了英语教学的发展。例如，翻译法、直接法、自觉对比法、听说法、视听法、认知法、功能法，以及由此派生出来的口语法、全身反应法、自然法、沉默法、暗示法、交际法等。但是，实践证明，没有哪一种教学方法是最好的、最有效的，也没有哪一种方法适用于所有时期、所有地区、所有教学内容。如果一个教师在英语教学中，采用一成不变的教学方法，必然会使学生感到厌烦。而且，不同的教学方法对不同的语言知识、语言技能各有侧重，只有综合、灵活地运用各种教学方法，才能有效促进学生英语能力的提高，才有利于学生英语水平的全面发展。

在英语教学中，教师应该注意无论使用什么样的教学方法，都必须以学生的语言交际作为教学的出发点，尽量将教学与日常实际生活结合起来，鼓励学生有创造性地、有目的地运用已学语言材料，在新的生活场景中重新组织语句，表达自己的感情。同时，教师应力求使教学过程交际化，教材内容选自真实生活中的自然交际，适合学生的年龄，对处于不同阶段的学生采取不同的教学方法。

第三节　英语教学遵循的原则

一、循序渐进原则

英语教学的循序渐进原则主要包括以下三层含义：

第一，语言的学习应从口语开始，然后逐渐过渡到书面语。英语包括两种形式：口语和书面语，且口语早于书面语出现。与书面语相比，口语词汇通常较为常用，句子结构简单，学习起来比较容易。学生通过口语的学习可以尽快地获得交际技能，满足日常交际的需要，这样就达到了学用结合的目的。

第二，就听、说、读、写等语言技能的培养而言，教师应该首先侧重培养学生的听、说能力，逐渐过渡到读、写技能的培养上。听、说、读、写是英语的四项基本技能，应该全面发展，但是在不同的阶段，侧重点应有所不同。听、说教学能使学生掌握基础的语言知识，包括语音、词汇、句子结构等，这为读、写能力的培养奠定了基础。因此，在英语学习的初级阶段，教师应加强听、说的教学，然后再逐步向读、写教学过渡。

第三，英语语言知识、语言技能以及使用语言的能力的完成与提高是一个循序渐进的过程。学习英语是一个螺旋式发展的过程，需要反复地循环，但这种循环并非单一的重复，每一次重复在难度和深度上都有所提高。此外，循环往复要求教学中要做到以旧带新，从已知到未知。因此，教师应以学生已有的语言知识和已熟悉的语言技能为出发点，传授新知识，培养新技能。

二、输入优先原则

英语教学要坚持输入优先原则。所谓输入和输出，是指学生通过听和读接触英语语言材料以及通过说和写来进行表达。语言输入的量越大、质量越好，语言输出的能力就越强。由此可见，输入是输出的基础。

在外语学习中语言输入有三个方面特点：第一，可理解性，指对所输入语言材料的理解；第二，趣味性和恰当性，指学习者对所输入的语言材料要感兴趣；第三，足够的输入量。

在英语教学中坚持输入优先原则要注意以下几个方面：

第一，注重输入内容和输入形式的多样化。输入形式可以包括声音、图像、文字等，语言题材和体裁要内容广泛、来源多样。例如，利用在日常生活中每天都会接触的文具、衣服、道路标志、电器等就可以帮助学生在潜意识中学到许多英语。

第二，教师可以通过视听、听和读等多种手段，尽可能多地让学生接触英语，多给学生可理解的语言输入。教师应该打破课内外的界限，利用声像材料的示范和贴近学生日常生活与学习、适合学生的英语水平、具有时代特色的读物等，扩大学生的语言接触面，增加学生的语言输入，以利于学生更好地学好英语。

第三，着重强调学生的理解能力，为学生提供的语言材料要切合学生的实际情况，具有可理解性与趣味性。向学生输入的材料要符合学生的现有水平，只要求学生理解，不必刻意要求学生即刻输出。就教学方法而言，这也坚持了先输入、后输出的原则。然而，仅依靠语言的输入不可能掌握英语并形成综合运用英语的能力，还需要适当的口头和笔头的表达来检验和促进语言的输入。

第四，鼓励学生进行模仿。有效的模仿是模拟生活中的真实情境，注意语言结构所表达的内容。换句话说，模仿最好是让学生身临其境地去使用所要模仿的语言。例如，在结对练习、小组练习的时候，让学生根据实际情况使用所学习的语言，如此才能把声音和语言的意义结合起来，学生才会在课外运用所学语言。模仿是在优先输入语言的基础上，对语言进行的有效练习和输出实践。

三、兴趣性原则

在英语教学中，教师应意识到兴趣的巨大作用，尽可能调动学生的内在动机，激发学生对英语学习的主观愿望，以获得更好的教学效果和学习效果。在英语教学中，教师可从以下几个方面入手来调动学生的学习兴趣：

第一，尊重学生的主体性，充分了解学生的特点。教师必须清楚地认识到学生是英语课堂的主体，学生只有通过积极主动的尝试与创造，才能获得认知和语言能力的发展，教学活动也才能达到预期的效果。教师要根据学生的心理和生理特点，遵循语言学习规律，采用多种教学方式，让学生通过体验和实践进行学习，从而形成语感，提高交流能力。

第二，改变过分强调死记硬背、机械操练的教学方式以及传统的英语测试方式。英语学习需要一定的死记硬背和机械操练的活动，但是如果机械性操练太多，则很容易使学生降低甚至失去学习英语的兴趣。为此，教师应该以学生感兴趣的方式帮助学生获取知识，使他们在获得交际能力的同时，综合素质也得到相应提高。

第三，对教材进行深度挖掘。教师在备课过程中，应认真地研究教材，挖掘教材中学生感兴趣的内容与话题，使每节课都有学生感兴趣的内容和活动，以最大限度地调动学生的积极性。

四、系统性原则

在英语教学过程中要遵循系统性原则，目的是使学生对所学内容能有比较系统、完整的概念，在各部分知识之间和新旧知识之间建立有机的联系，在消化所学内容时思路清晰而有层次。具体来说，系统性原则主要涉及以下几点。

（一）系统安排教学工作

英语教学工作的安排要有计划性，要求做到以下几点：

第一，教师要有计划地备课。例如，一篇课文要上八课时，在备课时要一下子备完，不能今天上两节课就备两节课的内容，要一次备好。

第二，教师的讲解要逐步深入、条理分明、前后连贯、新旧联系、突出重点，一环套一环，一课套一课，形成一个有机而系统的体系。

第三，教学的步骤和培养技能的方法应该符合掌握语言的过程。要根据课程的最终教学目的，由易到难，逐步提高要求。

第四，练习布置要具有计划性。要先进行训练性练习，然后再进行检查性练习。此外，练习的形式要具有体系性，相同的练习形式也要有不同的要求。

第五，布置家庭作业和讲课的重点应当密切结合。每次作业要有明确的目的，课内课外要通盘考虑。

第六，要经常检查学生掌握知识和技能的情况，每堂课要有一定的提问并进行记录，这可以对学生起到督促的作用。对于学生的平时成绩不能仅凭教师的印象来评定，因此平时对学生所做的口、笔头作业要有记录。

（二）系统安排教学内容

英语教学内容的安排要有严密的计划和顺序。例如，低年级英语教材教学内容的安排基本上应是圆周式的，对系统不要机械地去理解，切忌搬用科学的系统。教师应该按教科书的安排特点和班级的情况合理组织讲课的内容，确定讲课的重点。当出现一个生词时，不要急于一次把这个生词的所有意义、用法全部教给学生，当教授一条新的语法规则时，不要一次向学生交代有关这条规则的全部知识，而要将知识分步教给学生，这样才能由浅入深、由易到难、由分散到系统。

（三）系统安排学生学习

教师要指导学生进行连贯的学习。学习要循序渐进，要经常、持久、连贯地学习。因此，教师在教育学生时要有恒心，经常并及时地带领学生进行复习和做好功课。此外，教师还要指导学生正确处理好日常学习和期末复习的关系，要明确指出，将学习重点放在平时，坚决反对那种平时学习不努力，期末考试临时抱佛脚的做法。此外，教师还要经常关心和指导学生的学习方法，并针对学生的个人特点因材施教。

五、真实性原则

在英语教学中，坚持真实性原则就是要在教学各个环节上做到真实，以培养学生综合语言运用能力为总目标，以交际法和任务型教学为策略，在真实环境中获得真实语言能力。语用真实是真实性原则的重要内涵。

在英语教学中，教师要实现语用真实，应做到以下几个方面：把握真实语言运用的目的、采用语用真实的教学内容、设计组织语用真实的教学活动、设计语用真实的教学检测评估方案。

（一）把握真实语言运用的目的

英语教学的最终目的是培养学生的综合语言运用能力，这种能力实际上就是一种语用能力。这里的语用并不是语用概念，而是指教学内容体现在语用能力方面的教学目的，主要表现在以下三个方面：语句的语用功能目的、对话语篇的语用功能目的和短文语篇的语用功能目的。

（二）采用语用真实的教学内容

在教学开始之前，教师应从语用的角度对课文进行详细全面的分析，研究语句使用的真实语境，准确把握课文中所有语句的真实语用内涵，选用语用真实的例句与练习，这样可以在教学前就指向语用教学，从而保证学生能够获得语用真实的英语运用能力。

（三）设计组织语用真实的教学活动

对学生语用能力的培养应贯穿于整个英语教学过程中，因此教师应基于语用真实的指导思想来设计教学活动，将语用能力的培养与呈现、讲解、例释、训练、巩固等课堂教学活动紧密结合起来。

（四）设计语用真实的教学检测评估方案

教学检测评估对教与学都具有重要的反拨作用。设计语用真实的教学检测评估方案，可以找出学生语用能力存在的不足之处，从而对教学进行有针对性的调整与改进。此外，语用真实会引导学生在学习中更加自觉地把握学习内容的真实语用内涵，强化学生运用英语的自我意识。

六、课内外活动相结合原则

在教学实践中，要遵循课内与课外活动相结合原则，主要是因为二者之间存在互补，具体体现在以下两个方面：第一，课外活动具有自愿性和选择性。学生可以根据自己的兴趣爱好自愿选择参加感兴趣的活动。课内活动一般是非自愿的，也是无法自由选择的，必须按照规定的教学大纲有序进行，一般具有统一的课程和课时，这样可以保证全班同学在相同的教育过程中保持相同的步调，既有利于培养学生个性的共同点，又有利于学生系统地习得语言知识。而课外活动则基本上是以学生的兴趣为主，遵循学生的自愿性进行。第二，课外活动是真正以学生为中心、由学生独立进行和完成的教学活动，教师只是在有需要的情况下提供适当的帮助，因此课外活动更能发挥学生的主动性和独立性，更能培养学生自主学习的能力。相对而言，课堂教学活动则具有一定的局限性。尽管一直提倡课堂教学要以学生为中心，但实践起来并非易事，往往会遇到各种各样的实际困难。

根据我国高校目前的英语教学现状，为了更好地将课堂教学与课外活动相结合，发挥它们的互补作用，就要在优化课堂教学的同时，加强课外活动，具体可从以下两个方面着手。

（一）激发学生在课堂活动中的主体积极性

课堂教学实际上是教师与学生以教学影响为中介的交互作用过程，这个过程能否发挥交互作用效果，很大程度上取决于学生的主体积极性。因此，如何激发学生的主体积极性就成为贯穿英语课堂教学始终的问题。

（二）减少课堂教学时间，提高课堂教学效益

就目前我国的高校教学来看，课堂时间总量太大、课外活动时间过少是普遍现象。学生的潜能和优势得不到发挥，学生的创造性得不到锻炼，学生的综合素质无法有效提高。因此，提倡高校减少课堂教学时间，增加课外活动时间总量。与此同时，要提高课堂教学的效益，即师生以最少的时间和体脑耗费取得最大的教学效果，只有在减少教学时间的同时提高教学效益，才能保证整体的教学质量。

七、合理使用母语原则

在英语教学中，教师应当提倡学生多说英语、多用英语，但这并不意味着不能使用母语。在英语课堂上可以合理使用母语，利用母语优势帮助学生理解学习过程中的难点，这对提高教学效果有利无害。合理使用母语原则包括在英语教学中利用母语的优势和避免母语的干扰两个方面。

（一）利用母语的优势

教师在英语教学中要学会利用母语的优势，借助汉语对一些词义抽

象的单词和复杂的句子加以解释。英语学习是在学生已经熟练掌握母语之后进行的学习实践，学生在英语学习之前对时间、地点以及空间等概念已经形成，已学会了表达这些概念的语言手段，况且英汉两种语言在结构和使用方面也存在许多差异，这些语言文化差异往往会造成学习英语的障碍。因此，利用母语的解释可以帮助学生更快、更好地学习和掌握英语的某些概念。适当地使用母语进行教学，有助于学生理解母语和英语之间的差异，了解英语结构和规则的特点，有助于师生之间的顺利沟通和深化对语言差异的理解和消化，从而提高学习效果。

（二）避免母语的干扰

母语交际先于英语第二语言的学习且已基本上被学生熟练掌握。英语的学习是一个相当复杂的过程，母语的使用习惯可能会给英语学习带来障碍。在学习英语的过程中适当使用母语，用母语简单讲授英、汉两种语言在某一结构、某一用法上的差异和特点是可以的。但对母语优势的利用一定要掌握一个“度”，避免将母语的使用规则迁移到英语的使用上。如果过多地或一味地使用母语，会在很大程度上给英语的学习带来不利影响。在英语教学里利用和控制使用母语，要注意以下几个方面。

第一，随着科学的发展、教学方法的改进和现代教学手段的运用，多用母语作为教学手段的效果日益减弱且劣势日益明显。英语教师结合现代化教学设备，运用更加直观的教学手段有更大的创造空间。

第二，在英语教学中，学生对所学英语词句的理解是相对的。理解包括知道这些语言现象及其隐藏在现象后的本质。在初始阶段，没有必要引导学生过分追求本质，这主要是由于英语的很多用法是习惯问题，很多情况用逻辑推理不通。例如，“看电影”用 to see a film 而“看电视”则说 to watch television。

第三，在英语教学中，教师应控制使用母语，尽量用英语上课。要充分考虑教师运用英语的能力、学生的理解能力和接受效果，教师尽量用教过的英语讲话，也可借助图画、实物、表情、手势等直观手段，还可以将关键词写在黑板上，从而使师生的交际能力在课堂教学中得到有效的提高。

总之，英语教学的过程要成为有意识地控制使用母语和有目的地以英语作为语言交际工具和媒介的过程，坚持合理使用母语原则才能更有效地优化教学效果。

八、最优化原则

在英语教学中，最优化原则体现在某一方面知识内容的教学中，在几种教学媒体都可用的情况下，选用教学效果最好的媒体；教法选择最优化；结构安排最优化；角色搭配最优化；具体运用最优化。针对在非母语环境下进行英语教学的现状，努力营造轻松自然的语言氛围，促进语言习得。因此，多媒体软件和课件要便于学习者操作和控制。具体来说，课件的内容、布局、导航图标性能、菜单功能设计以及学习者的自由度，是影响学习者操作和控制课件的主要因素。为了提高学习效率，减少学习者的焦虑感，增强他们的学习兴趣和信心，课件应该从学习者的需要出发，尽可能地使课件方便使用。

九、精讲多练原则

精讲多练原则既肯定了讲和练的作用，又明确了讲和练的地位。讲涉及的是语言知识，练涉及的是语言技能。下面进行具体分析。

（一）语言知识促进语言技能的培养

既然英语教学将交际能力作为培养目标，那么实践性就是英语教学的特点之一。在英语课上必须以语言实践为主，课堂上绝大部分时间要用于实践。但是适当地传授语言知识，可以帮助学生更好地进行实践，提高学习的效果。语言知识讲授的范围、深度、方法和时机，要由语言实践和教学的需要来决定。例如，大家都知道游泳的本领是在水里练出来的，不下水是学不会游泳的，但是在下水之前，教师讲一讲游泳的要领，分解一下游泳的动作，学生在水里练习时就可以进步更快。

在初级阶段的英语教学中，教材简单并且每节课只包含有限的句型和单词，通过反复练习就能熟练地掌握。本阶段的教学重点是引导学生养成运用英语的习惯和正确的学习方法。语言材料的有限性，使语言知识的讲授对学生的学习没有多大帮助。当英语教学向高级阶段推进，学生需要学习更多的句型和单词时，教师就需要引导学生利用单词或句子间的关联来学习，并且从一些语言材料里总结出语法规则。在这一阶段，语言知识的讲授发挥出极大的作用，但还是要注意精讲多练，不能喧宾夺主。

在英语教学的后期，语言知识的讲授有助于培养学生的自学能力。不是所有一切都在规则的统领之下，有时候最常用、最简单的单词，往往具有不合常规的词形变化和发音规则。这就要求学生多模仿教师，教师不要急于引导学生过多地追问为什么。精讲多练是学习英语稳妥而有效的方法，但随着学习进程的推进和学习内容的复杂化，就很有必要通过适当地讲授一些语言知识来发挥思维理解的作用。

（二）语言操练交际化

语言操练并不等于语言交际，前者关注的是语言形式，使学生在语言操练中掌握语言形式；后者关注的是语言内容，使双方达到相互了解的目的。例如，教师在课堂上举着书问“What’s this?”学生回答“It’s a book.”这不是语言交际而是语言操练；当教师介绍了 Abraham Lincoln 的故事后，问学生“What do you think about Abraham Lincoln? Why do you think so?”这不只是语言操练，还是语言交际。

1. 语言操练是交际能力培养的手段

英语教学中的语言操练包括以下三种练习形式：机械练习，如句型操练等；有意义的操练，如围绕课文或情境所进行的模仿、问答、复述等；交际性操练，如联系自己的生活实际，利用课文里的词句叙述自己的思想、表达课文学习后的体会等。这三种练习形式在难度、与语言交际的接近程度上都在递进，体现出由操练到交际的进程。英语教学的目的是培养学生的英语交际能力，而不是使学生掌握语言形式。但是培养学生的交际能力，必须借助语言操练这个手段，二者对于英语教学目的的实现都非常重要，缺一不可。语言操练和语言交际相互联系、相互区别，有时没有明显的分界线。教师每次讲授新材料时，都要先进行机械练习，然后进行有意义的练习，再进行交际性练习，使学生最后能运用所学的新材料进行交际。不能把语言操练和语言交际对立起来，而是要看到它们之间的联系，一步一步地将语言操练推向语言交际。

2. 将交际场合迁入课堂练习

教师应尽量将交际场合迁入课堂练习，使课堂练习接近语言交际。教师应该创造一定的情境，多给学生一些用英语进行交际的机会，鼓励学生带着表情和肢体动作进行英语交际，要像演戏一样将生活中的交际场合搬进课堂练习。在这个过程的开始阶段，性格严肃的教师和学生可能觉得不好意思，但是随着练习的增多，他们会逐渐习惯这种情况并觉得很自然。教师借助适当的表情、肢体动作进行英语交际，不仅能增加说话的力量，还能够激发学生的兴趣，帮助学生记忆，从而提高教学效果。

3. 将交际形式迁入课堂练习

教师应尽量将交际形式迁入课堂练习，使英语课堂教学模拟日常生活中的交际形式，为学生在日常生活中使用课堂上所学的英语创造条件。日常交际形式包括下面一些：问候、打招呼；会话；自言自语；讲故事；对人、物、画面的介绍；请求、命令；解释或说明事物或问题；演说、做报告；作文、写信。英语教学可以采用这些形式的课堂练习，课堂上将生活里常见的交际形式训练到自然的程度，学生的交际能力就会逐渐提高。

英语课堂的活动包括教师组织教学，讲解单词、课文和语法，布置作业，对学生进行奖评和考核，学生请教师解答疑难问题等，所以教师和学生不缺乏用英语进行交际的机会。教师要努力将所学英语运用到师生间的交际中去，积极扩大使用英语的阵地，这样学生运用英语的能力和习惯才能养成。在注意课堂上用英语进行操练的同时，教师还要注意引导学生在课外活动和生活中使用英语。操练服务于使用，使用是对操练的检查和扩展。只有将操练和使用相结合，英语教学的目的才有可能实现。

第二章 文化导入英语教育的探索

第一节 文化和语言的概念及其关系

一、文化和语言的概念

美国语言学家萨丕尔于20世纪20年代在他的著作《语言论》中给语言下了精辟的定义：语言是纯粹人为的、非本能的、凭借自觉地制造出来的符号系统来传达观念、情绪和欲望的方法。他明确指出了语言的本质，那就是，语言并不是一种与生俱来的本能的行为，而是用于描述人类在长期社会生活中获得的经验，以及对世界认识的一种方式。同一个语言社区的成员在漫长的人类社会发展中，逐渐形成了共同的、系统的信仰和理念，由此确定了社区的结构，并通过语言表达出来。因此，语言和文化不是孤立无关的，而是紧密联系在一起的。语言可以说是一个社区积淀下来的共同文化的产物，语言是一种文化功能，语言是一套有规律的声音符号系统，通过这些符号来传递文化，表达思想情感。通过语言，可以了解文化那源远流长的历史。萨丕尔还说出了语言的特点即文化，语言具有文化功能。显然，无论是研究语言还是文化，都必须将两者结合起来，才能认识其本质。

（一）文化的概念

文化是一个相当抽象复杂的概念，对文化的定义，中外学者也有很多说法，这本身就说明文化的丰富内涵和深厚的外延。在美国文化学家克罗伯和克鲁克洪合著的《文化：概念和定义的批评考察》中写道，全世界的语言学家对文化的定义有160多种。英国人类学家泰勒是第一位给文化下定义的学者，他认为文化是一个复合的整体，它是人作为社会的一员时，通过学习而得到的所有事物，其中包括知识、信仰、艺术、道德、法律、风俗，以及人们作为社会成员而获得的任何其他的能力和习惯。他认为文化是人类共同拥有的，各个社会的文化不尽相同，是由于他们处在人类文化发展进程中的不同阶段。他更强调的是精神层面的文化，而忽略了物质文化。现代学者普遍认为，文化包含物质文化和精神文化。有“现代文化学之父”之称的美国人类学家克鲁克洪，对文化的定义为历史上所创造的生存式样的系统，既包括显性式样又包括隐性式样，它具有为整个群体共享的倾向，或是在一定时期中为群体的特定部分所共享。他指出了文化是人类在特定的社会环境中创造出来的，是人类不同群体表现出的有自身特征的生活方式。20 世纪 90 年代以来，更多的学者认为文化是社区交际的手段，以及人们互相交流中约定俗成的意义之总和。人们普遍认为文化是社会群体（而不是个人）的行为，它与交际密切相关，受社会准则的制约，是一整套约定俗成的社会生活方式的体系（而不是零星的社会现象），由有形与无形两种形式构成。

文化，英文是 culture，是从拉丁语演变而来的，最初的意思是耕作。孕育农耕文明的古老中国，在很久以前就有了“文化”的概念。在新编《说文解字》中记载“文，错画也，象交文”，最初是指各种交错的纹理，“化”表达一种变化的趋势，本义为变易、生成，引申出去表示改造、培育等。由此可见，古往今来，东西方传统中，“文化”都不约而同地带有人为改造的含义，体现出鲜明的“以人为之”的特点。大自然原本不存在文化，自从有了人类，开启了农耕时代，便开启了文化之旅，成为一种社会的生活方式，成为一个民族的活动方式。

文化在语言中举足轻重，两者紧密相连，不同民族、不同社会环境造就了不同的语言和文化，语言是特定的文化背景的产物，要精通一门语言，必须了解该语言所处的特定的社会环境与文化背景。由此可见，在英语教学中，教师绝不可以把学生能得体地运用语言等同于仅仅掌握语言知识。英语教学，在语言教学的同时，必须包含文化教学。

(二) 语言的概念

瑞士著名语言学家索绪尔认为语言是一种符号系统，用来表示同一社区人的思想。每个符号包括“能指”和“所指”两部分，这些符号系统相互之间有着内在的联系。他还区分了语言（langue）和言语（parole）的功能，对现代语言学的发展有着深远的影响。乔姆斯基提出的“转换—生成语法”认为语言是同一社区的人用来表达思想，并按语法规则组成句子的一种先天能力，是在特定的情况下说出的有实际意义的话。哈里斯的功能语言学认为语言只有承担了应有的功能时，才称之为语言。也就是说，语言来自社会，它是对所处的社会文化语义系统的一种解释。除了语言学家的定义外，其他学科也对其有自身的解释，例如人类学家认为语言是文化行为的形式，文学家认为语言是艺术媒介，社会学家认为语言是社会集团的成员之间的相互作用，哲学家认为语言是解释人类经验的工具，语言教师认为语言是一种技能，文化语言学家则认为语言是记录文化的符号系统，是人类社会最重要的交际工具和思维工具。

由此可见，语言是一种符号系统，语言是一种工具，它来自社会。社会环境的不断变化，使得语言也随之产生、发展。语言和文化息息相关，文化中的深刻内涵在任何一种语言里都能反映出来。如果只学语言，不学文化，就不能说真正地掌握了该语言。长期以来，外语教学重学生的语言能力，轻文化意识的培养。而实际上，语言和文化密不可分，不了解英美文化，就学不好英语。基于文化之上的语言学习，才是真正有效、有意义的学习。

二、语言和文化的关系

就语言与文化的关系，几乎所有的学者都认为两者不可分割。邢福义先生在其著作《文化语言学》中提到，语言是文化的符号，文化是语言的管道。好比镜子或影集，不同民族的语言反映和记录了不同民族特定的文化风貌；犹如管道和轨道，不同民族的特定文化，对不同民族的语言的发展，在某种程度、某个侧面、某一层次上起着制约的作用。因此，可以从两个层面来理解语言和文化的关系。

（一）语言是文化的载体

语言是文化的载体，是人类进行思维的工具。人类在脑海中形成思想，并通过语言来表达思想，人类的思想借助语言而形成。语言记录和传播着人类文化。语言是文化的基石，正如美国语言学家萨丕尔在其《语言论》中所说，“语言有个底座，说一种语言的人是属于一个种族或几个种族的，也就是说，属于身体上具有某些特征而又不同于别的群的一个群”。语言也不能脱离文化而存在，就是说，不脱离社会流传下来的、决定人们生活面貌的风俗和信仰的总体。因而，语言即基石，支撑着文化；语言又受文化的影响，彰显着文化内涵。语言研究表明，人们可以从语言中理解丰富的文化。一个民族多姿多彩的社会文化生活，也从其语言中鲜活地呈现出来，反映该民族的历史变迁。正如马林诺夫斯基所说，一种语言必定来自该语言民族的文化、社会环境和生活习俗。任何一种语言都会与某一种特定的文化相对应，而使用这种语言的方式多种多样，在很大程度上反映出该民族的文化，语言彰显文化，语言又为文化服务。

正因为文化是人类物质生活方式和精神生活方式的总称，所以，人类所有的一切社会活动都属于文化的范畴。不同的民族，由于所处的地理环境、自然环境、人文环境不同，其生活方式也必然有很大的不同，文化必然带有浓郁的民族性。一种语言是该民族在长期的物质生活实践中产生和发展起来的，语言也就必定是文化中的语言，语言中的文化。

（二）语言受到文化的制约

语言反映文化的同时，其形式同时受文化的制约，尤其是受思维方式的制约，从而使不同民族的语言呈现不同的特点。虽然语言是文化的一部分，但具有特殊性，文化制约着语言的正确使用，语言是承载文化信息、反映社会生活、体现人类思维的工具，不同民族的语言，都必然带有特定的文化信息，就是人们通常说的“文化负载词”（culturallyloaded words)。词汇中的成语、习语、谚语等，更是深藏着各民族丰富的文化传统。语言中句法结构、篇章结构也充分体现了该民族独特的思维方式。

因此，在交际活动中，目的语文化缺失，会直接影响语言的文化功能，无法理解语言的内涵。语言是文化的一部分，不懂得文化的模式和准则，就不可能真正学到语言。学外语，只学其一，不学其二，那只是记住了一连串没有实际意义的符号，只有深刻理解该语言的文化，才能理解这些符号的内涵，才能最终进行成功的跨文化交际。每一种语言都有相对应的某一种文化，语言和文化是有机的整体。

（三）语言与文化的相关研究

随着人们对语言和文化关系的认识逐渐提高，有关文化教学的研究取得了长足进展。其中莫兰在《文化教学：实践中的观点》一书中，通过作者本人的亲身教学经历，详细论述了社会文化的界定与社会文化知识的教学规律，强调了文化知识在教学中的重要性，同时阐述了文化知识学习过程与教学原则。在此基础上，不少应用语言学家与外语教师也从理论上对文化进行深入研究，探索规律。20 世纪 90 年代后，各国权威机构都将社会文化知识教学列为外语教学的目标之一。如英国政府有关外语教学的正式文件中提出，外语教学的目的是培养学生的语言交际能力，使学生认识语言的本质与基本属性，掌握使用该语言国家的社会文化知识。

在我国，对语言和文化关系进行系统研究的第一位语言学家是罗常培先生。20 世纪 50 年代初，他出版了《语言与文化》这一专著，他经过对语言和文化关系的讨论得出结论，认为语言是随着社会的发展而发展的，属于社会意识形态的，通过语言可以考证文化的历史渊源。语言只有和其他现象、意识联系起来，才能充分发挥其功能。20 世纪 80 年代中期，受国外语言学研究影响，“文化语言学”在我国开始盛行。学者们普遍认为，语言教学在很大程度上应是文化教育，语言教学就是文化教学。

20世纪80年代，当时许国璋先生在《词语的文化内涵与英语教学》中提出外语教学中应重视语言和文化的关系。1988年，胡文仲先生在《跨文化交际与英语学习》中，集中反映了外语界对教学中文化因素理论与实践的认识。而这之前，结构主义语言学和行为主义心理学影响着人们，学习者往往视语言为封闭的符号系统和工具。受这一语言观影响，语言教学更多的是强调语言形式，而忽视了语言的内在意义，忽视了它的社会交际功能。在这样的环境下培养出来的学生，在使用语言的过程中，大量出现语用错误，不能有效实施交际目的。之后，语言学家海姆斯提出“交际能力”这一概念，给外语教学思想带来了冲击，“就语言而教授语言”的教学模式受到了冲击。海姆斯提出交际能力的四大特征——语法性、适合性、得体性、现实性，其中适合性和得体性的核心就是学习者的社会文化能力。因此，交际能力不仅包括能说出语法正确的句子等语言能力，还包括在一定的语言环境中，即在不同场合，面对不同身份的人进行成功交际的能力。人们逐渐认识到语言学习不能脱离其特定的文化语境，不但要教授、学习语言系统本身，而且还要深知该语言所处的文化。若一味重语言而轻文化，很难完全理解和正确得体地使用所学语言。这样，不仅交际目的难以达到，甚至还可能导致适得其反的结果。

以上研究都表明，文化和语言之间是一种作用力与反作用力的关系。语言和文化始终都在不断变化、发展。一个民族在不断发展，其语言也必定随之发展。语言的发展，终将影响文化的发展和变化。反之亦然，文化发展了，其语言也将逐渐丰富、延伸。不同民族有着不同的文化、历史和风俗习惯，各民族的文化和社会习俗又在长期的积淀中，通过该民族的语言表现出来，语言与文化密不可分。语言不可能脱离文化，语言的本质差异归根到底就是文化差异。一个学习语言的人，如果不能很好地了解目的语文化，势必难以正确理解和运用目的语。与此同时，如果在学习语言时，学习者能重视，并且潜心去了解目的语国家的文化背景、历史变迁，就能得心应手地使用该语言。现阶段，普遍存在这样的现象：很多学生语法知识掌握熟练，语音语调听来自然，然而，一旦需要进行交际时，由于不了解该目的语国家的文化背景，对于在什么场合说什么话很茫然，出现“文化错误”。因此，要真正学好英语，提高英语的综合运用能力，一定要熟悉和英语这一语言有关的文化背景。

此外，语言教学目标是否能顺利完成，文化教学是关键所在。外语教学的最终目的，是培养学生的跨文化交际能力。各民族都有其自身不同的文化，而不同文化背景的人们，相互之间的交流、交往就是跨文化交际。随着全球经济一体化，国际交往更加频繁，民族之间的交流日益增多，英语的交际功能越加凸显，跨文化交际占有举足轻重的地位，传统的语言教学难以满足快速发展的时代对英语人才的需要。在社会生活中，语言能力和文化能力必然同时存在，很难想象，一个不了解英语国家社会文化背景知识的人能正确使用英语进行交际。事实上，在英语课堂教学中，适当、有效地输入贴近学生日常生活的英语国家的文化知识，可以激发学生学习英语的兴趣，同时，还能培养学生的世界意识，加深对母语文化的认同与理解，从而真正提高对中外文化差异的敏感性和鉴别能力。

由此可见，在英语教学中，应该做到语言教学与文化教学并举，后者为前者服务，这样才能保证学生在用英语进行交际时，做到正确理解、准确表达。

第二节　文化导入英语教育的具体分析

一、文化导入英语教育的必要性

（一）语言教学与文化教学关系密切

语言与文化的联系可谓水乳交融，不可分割，那么在英语教学中要如何认识语言教学和文化教学的关系？是将语言教学和文化教学截然分开、分别培养，还是将外语教学干脆变成文化教学，或是将文化教学撇在一边不顾，像传统的语法翻译法那样进行单纯的英语语言教学？凡此种种疑问，更促使我们从理论与实践相结合的角度进一步探讨语言教学与文化教学的关系。

1. 语言教学的本体性

英语教学是语言教学，具有各种语言教学的一般性质。其内容是语言知识的传授，方法是语言教学法，教授者是懂得该语言的教师，学习者以运用该语言为目的，所以语言教学具有本体性，这是不可动摇的首要地位，它是外语教学的起点与目的。

2. 文化教学的辅助性

英语教学是跨文化的外语教学，教学目标是让学习者运用英语与目的语群体在相应的社会文化环境中进行交流。文化教学能够辅助语言教学之根本目的，帮助学习者理解英美国家的价值观念和风俗习惯，因为单单掌握一个新的符号系统而脱离原来赖以生存的文化内容是无法相互交流的。

基于语言教学的本体性和文化教学的辅助性，在英语教学中两者应该是同步进行的，在英语语言教学的同时进行第二文化的教学，语言学得和习得机制是协调一致、同时共进的。离开了语言教学，文化教学就成了无本之源，培养的学生纵有再多的文化知识也无法表达；而离开了文化教学，语言教学也难免“营养不良”。英语教师要在思想意识和实际教学中将两者贯穿起来，多探讨在文化语境中如何进行语言教学，指导学习者在学习语言知识的同时也理解该语言所包含的文化，消除不同文化间相遇时产生的障碍，实现交流的目的。

（二）社会发展的必然选择

随着社会的发展进步，世界各地的联系日趋紧密，每个民族都逐步被纳入“地球村”之中。作为一门国际性的语言，英语学习已经成为人们获取信息的一种重要手段。作为一个崛起中的大国，中国经济的高速发展也需要社会培养出大量的高水平外语人才，以方便与外界进行沟通和交流。如若不能了解中西方的文化差异，必定会带来意想不到的麻烦。

与此同时，伴随着中国的改革开放，人们很容易从报纸杂志以及网络媒体等多种渠道了解西方光怪陆离的世界。在这个过程中，许多年轻人对于西方文化以及文化背后所承载的价值观会产生盲目崇拜。现如今，社会流行着一种怪风气：西方传来的洋节日在中国流行起来，但是作为本土的节日却日渐失去意义。事实上，这种现象应该引起人们的高度警惕。在日渐倡导民族文化的同时，我们对于西方文化衍生出来的舶来品的态度应该是取其精华，去其糟粕。

社会的发展进步以及当下社会风气的影响，使得英语教学中引入文化教学显得尤为重要。长久以来，中国的英语教育以培养学生的语言知识为主，强调语音、语法、词汇等内容的学习，对英语中的文化教学不甚重视，这直接导致了学生在交际中极易产生语用失误。更有甚者，许多人学了十几年的英语，笔头功夫了得，四、六级都能够顺利通过，但是一旦碰到需要与外国人交流的场合，却不能够自如表达。由此看来，即使是小学阶段的启蒙英语教学，对学生文化意识的培养也绝不能忽视。对于教师而言，文化教学的任务更是任重而道远，在枯燥乏味的语言知识学习中融入丰富多彩的文化因素，不仅是为了让学生更好地掌握这门语言，同时也是为学生推开了一扇了解世界的窗户。让他们在感受中西方文化差异的基础上，理性地认识文化之间的碰撞，了解中国的传统文化，从而避免对西方文化的盲目追求。

（三）培养学生跨文化交际意识的需要

跨文化交际意识指的是外语学习者对母语或目的语话语社团的意向、思维模式、观念、价值取向、动机等文化要素做到心中知晓，并在语言学习和语言运用上理解相互间的异同，有意识地依照交际背景运用话语规则。语言与文化之间存在着水乳交融的关系。英语教学中的文化教学是无法回避的，同时也是学好一门语言所必需的。健康的跨文化交际意识的培养则是文化教学中的重中之重，因为公民良好健康的文化素养与一个民族的兴衰密不可分，民族需要文化去凝聚，文化是一个民族的灵魂和精神寄托。如果一个民族拥有一代不爱自己文化的人，这代人也不积极地汲取其他民族的优秀文化，那么不仅他们自身的语言学习会有障碍，而且不利于全球语境下民族之间的交流，这个民族的凝聚力就会大大减弱，最终不利于民族自身的发展。因此，培养学生健康的跨文化交际意识是英语教学的目标与任务。

（四）有利于英语教学的改革和发展

很长一段时间以来，中国的英语教学只注重语言知识和语法形式，对文化知识对交际的影响没有给予足够的重视。而随着教学的不断发展，新课程教学改革在全国各地展开，新的《英语课程标准》已经明确把培养文化意识作为英语教学的目标之一。随着新课程教学改革的深入开展，英语教学的各个方面都发生了巨大变化，包括教学目标、教学理念、教学方法和评价方法等。人们开始逐渐意识到学习外语不仅是掌握语言的过程，同时也是接触和认识另一种文化的过程。

虽然在之前的英语教学中没有将文化教学列入教学目标，但是文化因素始终隐含在英语学习的过程中。不管是优秀的语言学习者还是初学者，其英语交际能力都会因文化因素而受到限制。人的语言不同、背景不同，其思维方式、价值观念和人格就会具有不同的风格和特点。所以说，外语学习不仅会拓展学习者的思维方式，还会影响学习者的价值观念和人格结构。在学习英语的过程中加入文化教学有助于我们从不同的角度来观察和认识世界。因此，在英语教学过程中，教师要有意识地向学生传授所学语言国家的文化知识，有意识地培养学生对两种文化差异的敏感性，使学生逐步具备文化比较能力，以便能够得体地进行语言交际，进而提高他们的文化素养。

此外，文化教学不仅有利于加强学生的英语语言基本功的训练，还对培养学生的学习积极性十分有利。因为原来的英语教学注重的是单一的词汇、语法教学，当教学转变为语言教学和文化教学并重后，教学内容和形式也由单一转为多样，由枯燥转为生动有趣。这样既能提高学生的学习兴趣和学习的主动性，也能激发教师的工作热情和备课的积极性。

二、文化导入英语教育的原则

(一) 文化平等原则

世界上各个民族历史文化传统不同，生活环境、发展程度不同，但各种文化都是平等的，各种不同的文化并无好坏之分。各民族文化都是经过一代又一代传承、积淀形成的历史渊源。文化平等意识是双向文化导入的基础。跨文化交际是两种不同文化间的交流，是本土文化和目标语文化间的交流，其实质是在相互平等、相互尊重基础上充分理解对方而不改变自己的平等交际。文化人类学家弗朗茨·博厄斯的文化相对论认为，每一种文化都是其社会生活发展的产物，是用来满足该文化群体的生活和精神需要的，因此不能用好坏标准来判断。中西文化都有自己的民族特点，因此我们对待中西方文化既不能自卑又不能盲从，在教学中要客观地以无歧视、无偏见的态度来对待异族文化。只有相互尊重、相互学习，才能达到共同繁荣。所以相互尊重原则是双向文化导入的基础。

在跨文化交际中，必须克服以本民族的文化标准来衡量或判断对方的言行的想法和行为，避免用本民族标准来判断好坏对错。只有在相互尊重的基础上，才能以平和的心态去审视、吸收另一民族文化的精华。因此，在英语教学中，必须让学生树立文化平等意识，只论异同，不论褒贬，以中立的态度理解和学习西方文化，同时，又要学会用英语去讲述中华民族的灿烂文化。

(二) 实用性原则

所谓实用性是指文化教学应结合语言实际，文化教学内容重点应在现代“共时”文化上；同时在教学中尽可能地将文化背景知识具体化、形象化。在英语教学中，只有当所学的语言内容和文化内容在日常交际中有密切联系时，学生才不会认为语言和文化的关系过于抽象、空洞，才会真正认识到文化因素对于语言习得的重要性。特别是在对学生进行跨文化意识与交流能力的培养时，文化内容更应密切联系学生的日常生活，与其所学的语言内容密切相关，与其在日常生活交流中所涉及的主要方面密切相关，从而激发学生学习英语语言和文化的兴趣，产生较好的良性循环效应。例如：对家人、朋友的称呼，道谢和答谢，社交活动（同学的生日聚会，走亲戚等），重要的传统节日、西方节日等，这些与学生身边的日常生活和学习密切相关的内容让学生有亲近感，往往是学生迫切要求了解和掌握的。由于学生可以很快地在日常生活中运用这些文化知识，尝到学以致用的甜头，他们就会产生进一步学习英语、学好英语的兴趣。

（三）多层面合作原则

加德纳认为人的智能机制可以分为8种，即语言智能、音乐智能、逻辑或数学智能、空间智能、运动智能、人际智能、内省智能和自然观察智能。智能机制在各个方面的表现形式则因人而异，教师应该根据学生具体的智能表现发掘学生的优势智能，并帮助学生能够协调运用这些智能，做到扬长避短，有效配合和优化使用这些智能，从而提升学习者认真负责的学习态度。依据建构主义理论，产生学习的首要条件取决于学习者在学习过程中的个体参与程度，充分优化学生的智能涉及师生之间以及生生之间的合作学习，由此可见合作学习原则的必要性。在进行英语文化教学的过程中，学习者个人与其他群体的多元化合作是确保教学顺利完成的一个必要条件。

（四）量次性和梯度性原则

胡文仲教授曾指出："无论文化教学或文化研究都有一个层次问题。文化与语言密不可分，文化无所不在，因此，不能认为只在高年级才能谈文化，但也绝不是不讲阶段性，学生刚一接触外语就立即灌输许多文化知识。总的来说，文化随着语言水平的提高愈发显得重要，文化教学的比重也随之加大。"所以，文化教学应注意不同层次的文化在英语教学不同阶段的导入。根据不同层次、不同课型的教学要求，注意循序渐进、由浅入深、由表及里，让学生逐渐理解文化内容的本质。特别是在英语学习的起始阶段，应使学生对英语国家文化及中西文化的异同有粗略的了解，教学中涉及的英语国家文化知识，应与学生身边的日常生活密切相关，并激发学生学习英语的兴趣。在英语学习的较高阶段，要通过让学生大量接触外国文化，开阔视野，提高他们对中西文化异同的敏感度和鉴别力，进而增强跨文化的交际能力和意识。

（五）个人化原则

文化教学要尊重学生的个体多样性，注意因材施教。这是因为学习者的文化体验、世界观、价值观和思维等个人因素在文化学习中起着重要的作用，它们既是语言学习的基础，也是文化教学的出发点。文化教学要将语言学习和文化学习内化为学生个人的经历。教师只有将教学内容、过程和学生的个人经历结合在一起，尊重他们对文化的个人感受，同时进行正确的引导，才能调动他们的文化学习兴趣，使学生感到有趣、有味、有奇、有惑。文化教学要为学生了解、对比各种文化创造机会，从而促进他们对自身的态度、行为、人生观和价值观进行思考。具体来说，教师就是要选择激发学生学习兴趣的文化主题，提出一些刺激学习者反思自己个人体验和文化参考框架的问题，设计一些讨论性和探索性的活动，让学生们有自我发挥的机会和天地，使学生之间可以相互交流经验和看法。这里所说的活动根据学习者的年龄特征和教学需要可以是简单的关于日常生活的问题，也可以是对世界观、价值观等深层文化的理解和思考。这样，学生不仅学习了语言知识，更重要的是掌握这些语言知识的具体运用规律，能够运用英语达到交际的目的，进而提高他们的综合素质。

（六）互动性原则

文化教学的互动性原则体现在以下 3 个方面。

1. 语言与文化的互动性

一方面，文化的产生和发展推动语言的发展与更新，新的文化现象必然有新的语言来承载。另一方面，语言的嬗变又反映出文化的变革，即使是极微妙的字眼背后也有浩大的文化变革。可以说，语言与文化的互动史也是语言与文化的发展史，而且这种互动性不仅贯穿于某一民族的文化和语言，也贯穿于不同语言和不同文化中。在文化教学中，对本土化的语言表述和对异域文化的语言表述都存在互动性，而正是语言与文化的互动性推动学生对文化知识及其文化表达意义的建构。

2. 中西文化的互动性

中西方文化之间是平等对话、互动共存的关系。无论从历史发展的角度，还是从当今世界全球化的角度看，中国文化与西方文化之间都有互动发展的关系。在西方文化的发展过程中可以瞥见中国文化元素的身影，而中国文化发展史上也有西方文化的沉淀，两种文化的互动渊源可以追溯到公元2世纪两汉时期丝绸之路在陆路和海上的开辟。在英语文化教学中可以尽量发掘这两种文化的共核性和共时性，从而实现学生中西文化知识的平衡架构。

3. 教与学的互动性

英语教学改革改变了固有的“权威—依存”的师生关系模式。在文化教学中，教师并非文化信息的传递者，而是文化意义建构的促进者；学生也并非文化信息的接受者，而是文化意义建构的主体。教师与学生通过互动交流在文化理念的更新、文化能力的发展和文化评价体制的形成等方面进行共建合作，实现教学对话，教学相长。

（七）吸收原则

历史经验告诉我们，全盘目标文化与全盘本位文化都是不可取的，一国文化在适应世界文化多元化的同时还要保持自己的独立性和民族性才能更好地生存。去粗取精是必然结果。在中西方文化发展的过程中，由于受到当时社会的政治、经济及科技的制约，必然有一部分内容具有时代局限性，有些内容甚至是有悖科学发展的。在英语教学中，注意摈弃过时的、不健康的文化信息，重视正面的、积极的文化信息的对比，吸收英语文化的精髓为我所用。

“求同”在文化教学中容易把握及实施，学生也较容易理解。“存异”却是我们在教学中应该着重讲授的方面。对待异于我们本民族文化之处，我们首先要认知、理解，分清楚哪些是可接受的，哪些是不可接受的，对待其中的一些闪光点，我们甚至是欣赏的。“龙”在中国文化中，是一种象征吉祥的神物，而西方人却认为这是邪恶的象征，是凶残暴虐的怪物。如果我们缺乏对两种文化差异的认知，必然会导致学生在交际过程中出现错误。

（八）传授与体验相融合原则

传授式教学模式和体验式教学模式这组彼此相对的概念是古迪孔斯特和海默在进行跨文化培训时提出的。传授式利用讲座、讨论等途径传授知识技能，提高学习者的认知和理解能力，学习和掌握语言文化知识，分析和理解文化差异；其不足之处在于学习者在很大程度上处于一种被动接受的状态，学习者在态度和行为层面的进步与发展难以实现。体验探索式则以学习者为中心，创造真实或模拟的跨文化交际情景，让学生去感受、体验，使学生在认知、情感和行为各个层面都受到刺激，弥补了传授式教学法的不足。两种方法各有所长。教师要注重传授和探索有机结合，使课堂教学活动多样化，既要有注重语言和文化知识的讲座和讲解，又要有触动情感、培养行为能力的角色扮演、模拟活动和参观访问等。语言和文化知识的学习要充分考虑学习者的认知接受能力，遵循语言文化的学习规律，学生起初的体验探索应该是直观、具体的，与其实际生活关系密切的实用问题，然后再逐渐转向间接、抽象的思维埋念阶段，多层次、多渠道地进行教学，以习得语言的整体性为终极目的。

三、文化导入的内容

有关外语教学中文化导入的内容应有哪些，在学术界也颇有争议，曾有张占一、吕必松等学者将其归纳为知识文化和交际文化。知识文化是指一个民族的政治、经济、教育、法律、文化艺术、历史地理等文化知识；而交际文化则是在双方交流过程中问候、称呼语、委婉语、禁忌语等。

人类学习语言的目的是交际，语言是人类特有的，语言运用是否得体，直接影响交际能否顺利进行。当前英语教学中，学生词汇量不小，语法知识梳理清晰，语用能力也具备，但由于对英语国家的文化背景了解不充分，造成交际失误，影响交际效果。因此，教师应该在教学中多结合词汇文化、句子内涵、语篇理解等来加强对学生文化意识的培养。

（一）词汇文化相结合

语言的基础是词汇，文化对语言的影响首先也是体现在词汇上，词汇能准确传递文化信息，能较为精确地反映文化差异。英语词汇中大量习语、典故就如中国母语中的成语，在人类不断的使用中，积淀了丰富的内涵和外延，富有鲜明的民族特征。词汇内涵的差异，生动地反映出各民族不同的价值取向、意识形态等。在学习中，尤其需要掌握其不同的文化内涵。同是一个词，在文化背景不同的人头脑中反映出的意象和联想却可以不同。例如，看到 moon 这个词，中国人一定首先联想到十五的月亮十六圆，想到中秋佳节团圆日。美国人看到这个词，也许更多地是想到宇航员登上月球，想到太空漫步。同样，看到饺子，人们一定会想到大年三十全家围着桌子吃饺子，高高兴兴迎新年的快乐，而外国人根本不明白饺子是什么、意味着什么。这种联想意义与词义本身没有必然联系，而是在说者或听者的文化知识基础上，在特定的语境中，对于一个词所产生的某种特定感受。又如，绿色，在中国文化中代表希望，代表欣欣向荣的春的气息；而在英语中，却意味着新手（greenhand），没经验、不成熟。汉语中用“眼红”表示“嫉妒”，而英语中却用 green withenvy 来表示。最典型的例子就是：在杨宪益和戴乃迭所译的《红楼梦》中，就将贾宝玉的名号“怡红公子”翻译为 green boy，因为在英语中绿色的含义并非我们母语中所表示的意思，而 green 所表示的不成熟，没有经验，又恰恰是小说中贾宝玉的性格特征之一。这里的“红”对应英语中的“green”实在是太妙了。

英语词汇受到多国文化的影响，其中也不可避免地受到中国文化的影响。英语词汇中也会渗透一部分具有中国文化特征的英语单词，而且随着中国经济的发展，在国际舞台上的地位越来越高，会出现更多的“中国英语”。汪榕培与卢晓娟在《英语词汇学教程》一书中写道，英语中的汉语借词十分可观，与我国政治、经济、文化等有关的一些词汇不断出现，甚至进入英美辞典，例如：one country with two systems，jaozi，kongfu，fengshui，geilivable，people mount and people sea，no zuo no die 等。由于文化不同，西方人对我们有些英语译文也容易产生误解。英语在世界上的应用比较广泛，由于历史原因，英语又是一门受到多国文化影响的语言，法国文化、拉丁文化、希腊文化、荷兰文化，包括中国文化都对英语词汇产生不同的影响，如果不了解英语词汇的文化内涵，就不可能准确理解英语词义。

英语文化和汉语文化都经历了悠久的历史，文化之间的巨大差异，必定体现在词汇的差异上。英语词汇的文化内涵相当丰富，同时也涉及众多的民族文化。因此，在英语词汇教学中，教师绝不能仅仅局限于词的拼写、词性的转化，一定要让学生置身于文化背景之中，帮助学生全面理解英语单词，比较不同的文化。只有理解了文化差异，才能更好理解由此产生的词汇差异。这样才能准确理解词汇的内涵，正确运用词汇，得体使用所学语言进行交际。

(二) 句子内涵的结合

正如词汇里蕴含丰富的文化，句子中的文化内涵也无处不在。虽然组成句子的词汇及其意义基本相同，但在不同的句子里，就可能折射出一定的文化差异，容易使人们产生埋解上的偏差。例如：

I chose the tall secretary where mother sat so often writing letters by a sunny window.

大多数人读这一句子时，对 secretary 一词的第一反应就是“秘书”，但这里如果把 tall secretary 翻译成“高个子秘书”，就会贻笑大方了。从语法上分析，这个句子是定语从句，先行词 tall secretary 在从句中做 sat 的地点状语，sat on the tall secretary，显然，在这样的语境中，tall secretary 绝非指人，而是指物。而在英语中“secretary”还指一种书桌，通常上面还会有一个小的书架。所以全话的意思是：我选择了那个高大的写字桌，过去每逢阳光明媚的日子，妈妈常坐在窗前的桌旁写信。因此，不清楚一个民族的文化，而仅凭主观臆断，就会闹笑话。

谚语，是每个民族特有的语言组成部分，在长期的历史演变中，沉淀下来，文化内容相当丰富，极大程度上反映了该民族的物质生活、社会生活以及文化历史、风俗习惯等。例如：Teach your grandmother to suck eggs. 这条谚语很生动形象，它出自西方的传统饮食习惯。东西方人在饮食方面差异颇明显。中国人喜欢把菜烧熟了吃，而他们喜欢生吃，就连鸡蛋也经常生吮着吸食，年纪越大，鸡蛋肯定吃得越多，自然也就吮得多，吮得好了，因此，年轻人教祖母如何吮蛋，那不言而喻就是“班门弄斧”了。

除了谚语，还有一类词语蕴含文化特色，那就是俚语。在英语文化中，由于地域和人群的不同，语言也会不同，例如，有这样一句话：“Ah，this is just what the doctor ordered，” he said，leaning back in a rocking chair in the sunshine. 初看这句子，学生误解为“这正是医生所要求的”，但后面的句子就无法理解了，殊不知这是一句俚语，如果学生不知道“just what the doctoror dered”的正确含义，就很难正确理解这句话的意思。“just what the doctoror dered”是“正合我意，再好不过”的意思。全句的意思是英语中有的成语习语与相对应的汉语成语典故之间也存在着一定的文化差异。对应的汉语成语典故之间也存在着一定的文化差异。汉语中说“他胆小如鼠”，但在英语中却说：“He is as timid as a hare.”因为在我们眼里视为动作敏捷的小兔子，在英美人心目中却是胆小的代名词。汉语中说的“掌上明珠”，在英语里却说成“apple of one’ s eye”，因为在西方人心目中，苹果是象征吉祥的水果，他们认为苹果可以带给人好运，常食苹果可以使人健康，我们都知道的谚语就有“An apple a day keeps the doctor away”。另外，还应注意到英语中的委婉语（euphemism），也就是说用一种较为间接的，让人听起来较愉快的名称来表达一些不太令人愉快的事物的一种词语。由于语言交际是人类赖以维护社会关系和人际关系的重要手段，因而人们在交际中通常避免使用引起对方不快从而损害双方关系的语言，而是采取迂回曲折的方法来表达思想、交流信息。委婉语在日常交际中犹如润滑剂，使交际者的言语显得得体、礼貌。要使文化交际更得体，教师在教学过程中要适当地介绍一些交际场合的委婉语。

还有就是禁忌（taboo），原意是指应该禁止或应加以避免的行为。禁忌现象是各民族普遍存在的文化现象，经常在一种文化中视为规范的行为，在另一种文化中可能是受禁止的。因此，在语言交流中，如果不清楚对方民族的某些禁忌，就会导致语用失误，造成交际失败，甚至更严重的后果。英汉语言都存在禁语，但是差异较大，在我国，同事朋友之间可以无话不说，无话不谈，而在英美国家，最强调独立个性，人们非常重视保护自己的隐私，绝对不允许别人干涉。因此，在英语教学中，针对具体情况，教师应让学生了解西方人忌讳的一些言行，以利于学生将来能顺利进行跨文化交际。

因此，了解英语语言所蕴含的英语社会文化，可以帮助学生正确理解英语语言。学生对英语文化了解越深，就越具有敏感的文化意识，也就越能提高英语学习的效能。

(三) 语篇理解相结合

语篇就是用词句把相关的情节组合起来，它不像词语、句子那样，只能表达单一的概念或某一情节的片段。语篇学习可以帮助学生达到学习语言的最终目的，那就是能用语言进行交际。因此，词语、句子的学习，最终是为语篇的理解打好基础的。

句型学习的目的是为语篇学习做准备。在英语教学中，可以利用好教材，结合其内容，挖掘语篇中蕴含的文化信息，这样既有助于提高学生的阅读理解能力，也能从一个层面提高其语用和交际能力。

我们使用的教材，其内容应和学生的生活联系紧密，能为教师课堂教学中的文化渗透提供丰富的素材。不同的教材在编写上应呈现出不同阶段的教学内容并和文化背景知识相互联系，螺旋递进。每个单元围绕一个话题展开，包括学校生活、家庭生活以及社会生活等各个方面的话题，涉及英语国家的部分文化，为实施跨文化教学创造基础。

教师可以通过“文化旁白”，介绍和文本有关的文化知识。教师也可以组织学生讨论，从而加深对文化背景知识的理解。对一篇文章能有透彻的理解，除了有一定的语言知识外，还应具备一定的专业知识和背景知识。有时候学生不理解文章，并非因为英语语言水平欠缺，而是因为对文化背景知识缺乏理解而导致的。所以，要提高学生的语篇理解能力，应尽可能地让学生了解英语国家的文化背景知识。

教师在教授直接介绍文化内容的文本时，可以首先让学生完整阅读，理解内容，教师为学生扫除语言障碍后，可以启发学生概述文章内容，以便系统、完整地吸收教材中的文化知识。在概述的同时学会语言的运用，也是和阅读高度统一的。

如果文本是介绍人物的，教师可以结合名著或名人传记之类，让学生更多地了解西方的社会制度、价值取向、文化知识等。如果教材中有文学名著的节选，也可以乘势介绍其社会背景。文学作品具有较高的赏析性，它是了解一个民族的心理特点、文化特色、风俗习惯等方面最生动、最丰富的材料。欣赏文学作品能提高学生的文学修养。文学作品中常常能体现深厚的文化，文学作品、名人传记能够提供给学生形象、具体、深刻、全面的材料。学习文学作品，不仅有助于提高学生的文字水平，还可以提高他们的文化素养，使学生能够更加深刻地了解目的语文化。

四、文化导入的方法

遵循文化内容的导入原则，在英语教学中，可以通过以下方法逐步培养学生的文化意识。

（一）挖掘教材，发现内涵

在英语教学中背景知识同语言知识同样重要，二者相辅相成，是阅读中不可分割的两个方面。读者在阅读过程中同时进行两种活动：一是从背景知识出发对文义进行推测，二是从文字信息出发对推测进行核实。由于英汉两种语言都带有自身的民族文化色彩，反映不同的文化信息，因此学生在阅读理解的时候会碰到许多困难。有时候，学生对词汇、句法结构都理解，却仍然不能理解文章的意思。正如研究阅读过程的专家所言，读者很难理解对其内容一无所知的篇章或与他们自己的经验不相关的篇章。所以这就要求教师在教授的过程中，挖掘文本内的文化背景信息，从而提高学生的阅读理解能力。

英语教材应融合以学生为本的教学理念，以其广博的信息含量、原汁原味的英语、贴近生活的课文内容，为教师提供开展跨文化教学的新途径。英语教师应当充分挖掘教材内容，突破常规教学模式，多渠道、多角度创设有益于学生身心健康发展的教学活动，使英语学科的人文性得到凸显。

（二）延伸教学，开阔文化视野

在充分发掘教材的基础上，还要注意对课外的补充读物、材料进行积极收集、耐心筛选和大胆使用，一方面可以充实教学内容，另一方面又可以增加学生的文化知识。

（三）听说渗透，体验文化交流

在英语听力教学中，常常出现学生用于听力练习的时间不少，可效果不明显的现象。除了学生自身语言学习存有障碍外，一个关键原因就是缺乏对文化背景知识的应有了解。听力内容往往涉及英美国家文化、教育、政治、经济等各个层面，听力检测实际是对一个人的英语综合能力的检验。

人们都有这样的体会：当所听材料是自己非常熟悉的某些方面事件时，容易听懂和理解。但是，遇到不熟悉的材料时，就算简单，也未必能真正理解。归根结底，还是由于文化背景知识的匮乏。其实，在我们平时所使用的听力材料中包含大量的可用于跨文化交际的内容。

（四）利用多媒体，再现真实语境

由于学生缺少真实的语言学习环境，缺乏对英语国家语言与文化的亲身经历，文化差异增加了学习的难度。多媒体教学手段在现代英语教学中已经应用得十分普遍。多媒体在创设社会文化情景方面有其独到之处，它能结合教学内容创设栩栩如生的情景，使学生产生身临其境的感觉，有些多媒体还能与学生进行互动式的交流，对学习社会文化知识帮助尤其显著。在教学过程中，为了有助于良好的英语学习氛围的营造，教师应做一名有心人，收集整理一些与课文内容相关的音像资料，利用多媒体的教学手段，根据教学内容有的放矢地展示英语国家的文化知识，便于学生直观了解英语的实际语用功能，加深文化理解。有的时候，教师也可以自己剪辑、制作，甚至邀请学生一起制作，这样的师生合作，能极大地增进课堂教学效果，增强文化知识。

（五）开展多种活动，增强文化意识

英语教师通过开设与跨文化交际有关的拓展课，延伸英语课堂教学，提高学生的英语以及跨文化交际能力。还可以在校园内开展各种英语活动，增强学习英语的氛围。比如，开设异域风情展示、英国文化初探、英美歌曲欣赏等一系列的课程，或开展研究性学习，教师分组引导学生对英语国家的文化、风俗和习惯等方面进行自主研究。这些方式下，学生积极性很高，可以取得很多优秀的研究成果，既调动了学生学习英语的积极性，又培养了学生主动探究的精神。学生在研究讨论过程中相互学习，自觉取长补短，彼此合作探究的过程，加深了他们对语言文化的理解，易于取得较好的学习效果。

如果学校条件允许，可以充分利用各类海内外的交流活动，让学生眼见为实，身临其境，从而起到学以致用、提高能力的作用。现如今，很多高校里也不断有各种机会接待一些国外来华交流的学生，这些活动为学生更好地学习英语、运用英语、进行跨文化交流创造了良好的条件。英语教师应该充分利用好这一机会，正确地引导学生进行一些文化交流活动。

除了课堂的文化教学以外，将课外活动与英语文化教学结合起来，选择任务型模式于教学中，是增强学生文化意识的补充，更是发展交际能力的重要延伸。学习者如不及时在交际中内化其熟记的社会文化知识，其社会文化能力乃至整个交际能力就无法得到进一步提高。在新课程改革的机遇与挑战面前，作为基础教育一线的英语教师，要提倡新型的学习模式，大胆探索，不断创新，在教学中反思，在反思中提高，进一步朝着教学艺术化的高水平、高境界迈进。

因此，要开展丰富多彩的课外活动，让学生在巩固语言知识的同时，强化文化意识，提高语言运用能力。多创设形式多样的语言环境，帮助学生加深对文化知识的实际运用。

第三章　英语专业教学文化转向的思路

第一节　英语专业教学文化转向的思考与探索

文化教学就是将国情、文化背景、文化知识等融入语言教学中。随着中西跨文化交流的日益频繁，文化对教学的影响越来越重要，因此英语专业教育应重视文化教学的重要性，并将其纳入英语专业教学，这样英语专业教育体系才会更加完整。

一、英语专业教学文化转向的必要性

文化教学不仅指在教学中传授与语言教学和实践相关的文化知识，还包含对两种文化的异同点进行研究，努力培养学生处理语言中文化差异的敏感性，进而提高学生的跨文化交际能力。文化教学的开展对于英语专业教育意义重大，它对于深化学生的语言能力、培养学生的文化意识、提高学生的跨文化交际能力等都十分有利。

（一）文化教学是语言教学的组成部分

词汇、语法、阅读、写作等一直都是我国传统英语教学中不可或缺的内容，也是教学的核心任务。但随着英语教学的不断发展，传统的英语教学表现出了很大的局限性，传统的英语教学已不能满足社会发展的需要，也不能算作英语教学的全部内容。实际上，随着跨文化交际的深入和文化语言学的发展，文化教学已逐渐发展成为英语教学的一个重要部分，并对英语教学产生着重要的影响。例如，如果学生仅仅了解英语的词汇、语法、听力、阅读、写作等知识和技能，却不了解英语语言所承载的文化，那么他们就难以完全理解并正确使用英语。由此可以得

知，语言的学习不可能脱离文化而单独进行，从某种程度上来讲，语言教学就是文化教学。

（二）文化教学是素质教育的必然要求

文化教学不仅是高校英语教育的组成部分，还是素质教育的必然要求，是培养学生文化素质的重要途径。不可否认，培养学生的语言能力是高校英语教学的主要任务，但培养学生的文化素质也是高校英语教学的重要任务。通过文化教学，学生可以了解世界各国和各民族的文化历史、风土人情等，借鉴和吸收国外文化知识。具体来讲，文化教学可以为学生扫除语言学习中的文化障碍，从而使学生更好地理解和掌握语言基础知识，深化语言能力；文化教学可以培养学生的英语思维，使学生跳出自我文化价值的束缚，从而用英语思维客观地看待英语事物；文化教学可以有效地培养学生的文化敏感性，提高学生处理文化差异的灵活性，进而培养学生的跨文化交际能力。

（三）文化教学是语言教学改革的需要

一直以来，我国的英语教学都将重心放在语言知识的教学上，而忽视文化对交际的影响。随着新课标在全国各地逐步展开，英语教学的教学目标、英语教学的教学理念以及英语教学的教学方法和评价方法都发生了非常大的变化。人们普遍意识到学习英语不仅是掌握语言的过程，也是接触和认识另一种文化的过程。文化因素始终隐含在英语学习的过程中，即使优秀的英语学生，其交际能力可能因文化因素而受到限制，他们对周围世界的理解也可能因此而产生障碍。学习英语以及相关的英语文化，对学生从不同的角度观察和认识自我世界有很大帮助。英语专业教学具有跨文化的人文性，因此英语教师要有意识地向学生传授英语国家的文化知识，并增强学生对两种文化差异的敏感性，使学生具备文化比较能力，提高文化素质，能够得体地进行语言交际。

（四）文化教学能提高学生的学习兴趣

在英语专业教育中渗透文化教学，能够有效激发和提高学生的学习兴趣。兴趣是指人们从事活动、探究事物的一种心理倾向。就兴趣与学生的学习行为之间的关系来讲，兴趣是最好的老师，学生一旦对所学内容具有兴趣，就会全身心地投入其中，进而高效地完成任务。因此，激发学生的学习兴趣是学生积极主动学习的前提。在英语专业教学中，教师如果不局限于课文知识的讲授，而是透过语言来看文化，给语言教学注入新鲜的文化内容，能将枯燥的语言知识教学转变为生动活泼、富有趣味的文化教学，进而能调动学生的学习兴趣，激发学生自主学习的热情，学习效率自然也就能随之提高。

（五）文化教学是社会发展的需要

随着我国与世界各国之间交往的日益频繁，社会迫切需要用英语进行跨文化交际的人才。跨文化交际能力是在理解对方文化的基础上进行的交流，也就是说，要想顺利、得体地展开交流，仅仅具备英语语言知识是不够的，还需要了解对方的文化历史、风俗习惯和价值观念等。因此，英语文化教学的开展是社会发展的必要。在英语文化教学中，教师不仅要提高学生的语言能力，还要向学生传授英语背景文化知识，引导学生了解中英文化的差异，进而培养学生的跨文化交际能力，为社会的发展培养人才。

二、英语专业教育文化教学的内容

无论哪一种观点，文化教学的具体内容都应该包括言语文化、非言语文化及交际文化。

（一）言语文化

①与语音相关的文化内容。语音是保证言语交际双方能够顺利交流的基础，同时也能显示出说话人的文化特征。因此，英语专业教学应该教授学生与语音相关的文化，从而使学生通过语音识别文化背景，进而帮助学生进行跨文化交流。

②与词汇相关的文化内容。词汇与文化的关系异常紧密，很多的英语词汇都包含着丰富的文化内涵。研究这些词汇所蕴含的文化内涵对语

言学习具有重要的意义。这些蕴含文化含义的词汇又被称为文化词汇，是外语教学中文化教学的重要内容。

③与语法相关的文化内容。语法揭示的是连字成词、组词成句、句合成篇的基本规律，是语言表达方式的小结。文化背景不同，语言的表达方式各异。因此，教师在文化教学中应该注重挖掘语法所承载的文化，引导学生通过语法学习理解其他国家文化。

语法结构不仅体现出各国思维方式的不同，还体现出心理因素和社会背景的不同。语法是语言在交际过程中逐渐形成的语言使用规律，必然会受到语言使用者心理上、社会上的影响，因此语言的语法还与心理以及社会因素有着紧密的关系。如果忽视了语法的心理因素、社会因素，就很难理解语言中一些特殊表达方式和习惯用法。由此可见，文化背景不同，思维方式就不同，语言表达因此也不同，而句法结构也就随之不同。因此，教师在介绍某些句法结构时，应同时介绍其语意和交际功能。

（二）非言语文化

英语专业教育中文化教学的内容除包含言语文化外，还包含非言语文化。非言语交际涉及文化、民俗、社会学、人类学等许多领域，运用范围广泛，其语义也很复杂。

①副语言。副语言又称辅助语言，是指伴随话语发生或对话语有影响的有声现象，是一些超出语言特征的附加现象，如说话时的音高、语调、音质等。另外，喊、叫、哭、笑、叹气、咳嗽、沉默等也可以看作副语言现象[①]。副语言在不同文化中的含义可能有所不同。学习和掌握这些语言之外的副语言现象，有助于学生更好地理解说话者的意图。

②体态语。体态语包括基本姿势、基本礼节动作以及人体部分动作所提供的交际信息。对体态语的认识和把握对于成功地进行跨文化交际

① 剧锦霞，倪娜，于晓红．高校英语教学法新论［M］．北京：中国书籍出版社，2013：167．

十分有利。由于不同文化中动作的习惯不同，因此在英语教学中，教师要引导学生加以注意并用心领会，在学习的过程中，要有针对性地将中西体态语不同的地方加以强调，让学生能更深刻地理解。

(三) 交际文化

交际文化也是文化教学的重要内容。交际文化是与交际环境有关的文化，它与不同交际场合、人际关系、礼仪习俗、价值观念等有着密切的关系，最容易引起跨文化交际的误解，因此交际文化也是英语专业文化教学的重要内容。交际文化主要包括称谓、问候与告别、道谢与答谢、恭维与赞美等几个方面。下面对此进行具体说明。

①称谓。在不同国度中，称谓都是一种普遍的语言现象，它是人们在交际中用来指称说话对象的称呼语。称谓是一种社会礼制的表现，受社会制度与理论习俗的制约，但同时也具有重要的交际功能，交际双方遵从一定的社会传统，选用恰当的称谓语来明确双方的身份、地位以及亲疏关系，以保持某种人际关系。在跨文化交际中，称谓发挥着重要的作用，因此在英语专业文化教学中，教师应让学生了解关于称谓方面的文化知识，以使学生在跨文化交际中能够准确地称呼对方。

②问候与告别。交际双方见面打招呼时所使用的语言即为问候语。在问候方面，英美人多简单地说“Hello”“Hi”“How are you doing?”等。这与中国的“吃了吗?”“到哪里去?”等有很大差距。对于英美人的问候，问的人不会太在意对方回答的内容，答的人也不用绞尽脑汁想怎么回答。

告别多发生在社交场合，如拜访、聚会等将要结束时。英语国家的人结束交谈或访问告辞时所提出的理由总是自己因故而不得不告别，终止交谈或访问不是出于本人的意愿，而是因为其他的安排而不得已为之，因此总要提出不得不离开的理由，并表示歉意，如“I’ m afraid I have to go.”。

③交谈禁忌。在进行跨文化交际时，尤其要注意一些交谈禁忌，因为它们直接关系着交际的成功与否。总体而言，在与西方人士交谈时，

应尽量避免私人话题。西方人在进行一般性的谈话之际，除了非常亲近的亲人和密友外，是不喜欢触及个人问题的，如年龄、职业、收入、婚姻状况、家庭成员等情况。

总体而言，在英语专业教育中文化教学的内容是非常宽泛的。但因学时有限，教师应对文化教学的内容进行取舍，应该选择实用性强并且容易掌握的内容进行教授。

三、英语专业教学文化转向的原则与策略

为提高英语专业教育中文化教学的效率，在具体的教学中应遵循一定的原则，并采用有效的策略，以达到英语专业文化教学的目标。

（一）英语专业教育中文化教学的原则

明确和遵循一定的原则可以使文化教学更加有序、有计划和有效地开展。具体来讲，在英语专业教育中渗透文化教学时应遵循以下几项原则。

1. 以学生为中心原则

学生的需求是教师开展课堂教学、设计和选择教学模式的主要依据，因此英语专业教育中文化教学的开展应以学生为中心。在具体的文化教学中，教师应以培养学生的自主学习能力为中心，以学生为主体，引导学生感受和领悟语言与文化，进行文化体验，促使学生进行知识与意义的内在建构。具体来讲，在英语专业文化教学中，教学的设计和活动的安排都要考虑到各种因素对学生的影响，要考虑的不仅仅是英语语言知识学习，还要注重学生对本国语言和文化的理解和体验、对目的语文化的态度、学生个人的综合素质等。英语专业文化教学的内容与目标相较于传统的英语专业教学扩大了数倍，但教学时间并没有随之扩大，因此为了实现教学目标，培养学生的文化意识和跨文化交际能力，教师需要在以学生为中心的前提下培养学生的自主学习能力。

2. 循序渐进原则

文化知识有着自己的科学体系，对此教师应遵循循序渐进原则，合

理安排不同阶段的学习内容，以使教学内容符合学生的认知特点和发展规律，使学生由简到繁、由浅入深地掌握文化知识。具体来讲，在文化教学的初始阶段，以日常生活的主流文化为主；在中间阶段，可以教授文化差异带来的词语的内涵差异及其运用差异；在最后阶段，就可以渗透一些文化差异导致的思维方式、心理方式以及语言表达差异，使学生深层次地了解英语文化。

3. 传授式与体验式相结合的原则

传授式和体验式是高校英语教育中文化教学常用的两种教学模式。传授式教学模式是利用讨论、讲座等方式传授知识技能，提高学生认知理解能力，促使学生掌握语言和文化知识，其不足之处是学生多处于被动的接受状态，缺乏实践的机会。体验式教学模式则是以学生为中心，努力为学生创造真实的跨文化及交际情境，让学生在这种情境中感受、体验、认知和实践文化知识，这种教学模式能有效地弥补传授式教学模式的不足。这两种教学模式各有所长，因此在具体的教学中教师要注重传授与体验的有机结合，使课堂教学活动多样化，确保教学中既有语言与文化知识的讲解，又有促进认知、培养实践能力的模拟活动、角色扮演等。

4. 因材施教原则

学生的思维、世界观、价值观和文化体验等在英语专业文化教学中发挥着重要的作用，它们是语言和文化教学的基础，因为学生跨文化能力的培养需要从学生现有的文化体验出发，通过对比母语文化与目的语文化，进而增强学生的文化意识。因此，在文化教学中，教师应针对学生的特点、个性、学习风格、学习基础等选用合适的教学方法因材施教，并尊重学生的个人体会、价值观念、思想情感等，不能对学生持有轻视、否定及批评的态度。

（二）英语专业教育中文化教学的策略

英语专业文化教学要想提高教学质量，除了明确教学内容与教学目标之外，还需要在教学策略上不断创新。

1. 显性文化教学策略

显性文化教学策略是一种常见的文化教学策略，它相对独立于语言教学，具有直观、系统的特点，而且以知识为中心。该教学策略对于培养学生的跨文化意识十分有帮助。我国学生多是在汉语环境下学习英语的，因此相较于让学生在课堂学习的过程中自然地获取异国文化，显性文化教学策略更加省时、高效。显性教学往往会直接明确地介绍外国文化，这十分有利于减轻学生由于对异国文化不熟悉而产生的困惑，而这种知识也是培养跨文化交际能力的基础。

显性文化教学策略的运用大致有两种模式：一种模式是在语言课程之外开设专门的文化课程，如英美概况、英美文化、跨文化交际等，向学生直接、系统地教授英语国家的历史、地理、制度、教育、生活方式、交际习俗与礼仪等有形的文化知识；另一种模式是在语言课程中导入与“语言点”相对的“文化点”，这种文化导入通常结合阅读课文或听力对话等语言知识的学习，这种模式与第一种相比，系统性相对较差。

2. 隐性文化教学策略

交际教学法的产生和发展给外语教育中的跨文化交际教学带来了新的思路，即当注重以交际为目的的语言在一定社会文化背景下使用时，英语教学与英语文化的教学会自然地融合起来。这样一来，教学不是直接传授文化知识，而是在课堂提供的真实交际情境中，在以交际为目的而使用语言的过程中，自然地习得目的语文化，存在一种“通过实践来学习”的理念。而这种融于语言学习之中的、较为间接的、相对分散的、以行为为重心的文化教学法就是隐性文化教学策略。

这种教学策略十分注重语言的社会功能和交际功能的培养，强调语言教学与文化教学真正的有机结合，提倡“通过实践来学习”，以填补如何教授外国文化的隐性内涵这一空白，尤其是隐含在语言使用中的文化知识和话语规则。此外，学生个体的交际需求也深受隐性文化教学法的重视。因此，隐性文化教学策略常根据学生的实际情况进行有针对性的教学，从而在有效的课堂教学中使文化教学的效率达到最大化。

3. 文化对比策略

文化对比策略是指教师要在文化教学中，通过对不同文化之间的交际行为，以及决定这些交际行为的交际规则、思维方式与价值观念的对比分析，来揭示文化的异同点，尤其是文化差异及造成的文化误解和文化冲突，进而研究和提出排除文化差异干扰的有效方法，以促进交际双方的相互理解。采用这种方法展开教学，可以有效帮助学生克服在语言和语言文化学习中产生的心理障碍。例如，"夏天"在汉英两种文化中有着完全不同的联想意义，中国人眼中的夏天炎热难熬，而英国的夏天则是美好惬意的。因此，在教学中涉及中英不同的地理条件和气候时，采用这种方法可以使学生更好地理解文章的内涵和韵味。

但需要注意的是，采用这种策略展开教学时，教师应引导学生正确、客观、积极地认识和对待本国文化与外国文化之间存在的差异。教师要引导学生对外国文化抱有一种客观、宽容的态度，避免拒绝任何外国文化的狭隘的民族主义态度，但同时也要引导学生避免盲目追随外国文化而忽视了本国的优秀文化。

4. 文化讲座策略

文化讲座策略也是高校英语教育文化教学中的一种有效策略。文化讲座是由教师组织的，以班级为单位，以演讲为主要方式，由聘请的专家、学者对学生进行英美文化传授的方法。这种教学策略对于扩大学生的视野、丰富学生的文化知识十分有利。文化讲座的内容汇集专家、学者最新的研究成果和研究方法，以及教师本人的学习心得与体会，并对学生已知、未知、欲知的文化知识进行深入分析，因而可以为学生提供许多宝贵的信息资源，能够有效培养学生的文化意识和跨文化交际能力。通常，文化讲座多适用于以下几种情况：

①教师在给学生布置有关文化学习的研究任务，或者需要解决某个问题之前，学生需要掌握的基础知识，可通过讲座来进行传授。

②教师向学生介绍文化新领域可叙述或描述的知识时，学生可以通

过讲座掌握总体概况或基本概念的知识。

③教师讲解一系列可通过主题来分类归纳的相关文化事实，可以以系列文化讲座的形式来完成。

④当某些具体的文化资料，学生自学和阅读十分困难时，文化讲座可以解决学生因理解困难造成的误解。

5. 文化讨论策略

在英语专业文化教学中还可以采用文化讨论策略开展教学。文化讨论策略就是以班级为单位，以教师为组织者，调动学生就某个专题开展有序的、面对面的讨论，以解决实际问题或解答特定课题。这种教学不仅可以调动学生的学习兴趣和积极性，使他们对所讨论的结果产生深刻的印象，还可以有效培养学生对英美文化的敏感性，使他们在英语学习中善于发现英美文化的特点并乐于了解和学习英美文化。例如，在教授饮食方面的课程时，教师可先为学生提供一篇介绍西方饮食文化的材料，组织学生就材料的内容进行介绍和讨论，然后让学生就中西方饮食文化进行对比、分析、讨论。这样一方面可以调动学生学习的热情，另一方面还能加深学生对所学内容的印象。

6. 文化旁白策略

文化旁白是指在进行语言教学时，就所读的材料或所听的内容相关的文化背景知识，教师见缝插针地作一些简单的介绍和讨论。一般来说，教材所选的课文都有特定的文化背景，如果学生不了解或缺乏相关的背景知识，就会影响他们对文章的正确理解，自然也就不能对阅读理解的问题作出准确的推理和判断。使用文化旁白法可有效地清除部分语言的认知障碍，帮助学生正确理解英语知识，还可开阔学生的眼界，使学生增长见识。

文化旁白法有多种灵活的操作方式。教师既可以充当讲解员，也可以运用图片、实物教具或多媒体课件等手段进行讲解；既可以在讲解段落或句子时进行，也可以在听力教学中随时进行。需要指出的是，文化旁白法具有任由教师掌握、随机性大的缺点，而且对教师的要求很高，需要教师具有较强的驾驭语言与文化的能力和一定的教学技能与艺术。

在英语听力教学中运用文化旁白法，教学效果也十分明显。因为在听力理解的过程中，听者的社会文化背景知识与语用学知识和语言方面的知识同样重要。如果缺乏对中西文化差异的了解，就会影响对话语深层次的理解。

7. 影视欣赏策略

我国的大部分学生都很少有机会和以英语为母语的人直接进行交流，但观赏影视作品可以将学生带入一个英语的环境，而且现在的学生都十分喜欢看电影，对此教师可以通过影视欣赏的方式来加强学生对西方价值观念和思维方式的学习。具体来讲，影片中的语言生动、真实，词汇与语境非常贴切，语音能体现出人物的年龄、性别、地域、地位等特点，语速不是教学音频中的标准语速，而是由表达内容、故事情节所决定的真实环境中的语速，这些特点把语言知识与具体情境有效结合起来，为学生提供了真实的语言与文化信息，对于增长学生的文化知识，提高学生的跨文化交际能力十分有利。

第二节　英语专业教学文化转向的具体内容

基于语言与文化的和谐共生性，在英语专业教育中应对文化教育尤为重视。只有让学生对英语语言的文化背景和文化底蕴有充分的了解，才能更好地调动他们学习英语的积极性。同时，为了在英语专业教学中更有效地贯彻文化教学，就要从多个维度进行全方位的文化转向，只有这样，才能使文化教学的思想理念得到切实的贯彻和实施。

一、教学观念与内容的文化转向

从实质上进行分析，英语教学其实就是文化教学，因而在具体开展英语专业教育时，不仅应从教学观念层面进行彻底的文化转向，还应在教学内容层面进行相应的文化转向。

(一) 教学观念的文化转向

通过对我国传统意义上的英语专业教育进行分析，不难看出，过分重视应试能力的培养是其最显著的特征。然而，伴随着跨文化交际活动的日益广泛以及人类社会多元文化共存这一局势，英语的实际应用能力与文化感知力成了影响交际顺利进行的因素。相应地，在教学观念层面，也应顺应时代的发展趋势，进行相应的文化转向。具体而言，教学观念的文化转向应涉及以下方面。

1. 教学目标的文化转向

我国传统意义上的英语教学，主要以应试教育为主，因而所培养出来的学生不能灵活地使用英语进行日常交际，更无从谈及熟练使用语言了。鉴于此，要对英语教学进行改革，并将英语教学的重点放在学生听说能力的培养方面。

具体来说，在英语专业教学中，应该加大口语和写作的训练程度与比重，要从教学观念层面将英语语言知识传授转到英语运用能力培养上来。

值得注意的是，当前英语教学目标中对于听说能力的培养，并不意味着忽视读写能力在教学中的重要作用。语言学习的正确顺序是先进行语言输入，学习者进行知识的消化与吸收，然后才能将语言转换成一定程度的外部语言，进行语言的输出，提高自己的听说能力。阅读是进行语言输入的重要途径，是培养学生听说能力的重要前提。教学目标重视对读写能力的培养的同时，也不能忽视听说能力的培养，同时注意不要走向另一个极端，将全部精力放在培养英语交际能力上，而忽视了英语基础知识的培养。

2. 围绕学生这一主体进行教学

传统的英语教学过度关注教师的作用，忽视了学生在英语教学中的主体地位。因此其沿用的教学模式为，教师对学生进行单向培养，学生进行死板的知识吸收。事实上，这一教学模式存在着很大的弊端。在这一教学模式中，学生只是被动接收教师讲授的知识，根本不需要进行太多的思考、分析、归纳和判断，只需要在课堂上听老师教授的知识，课后背诵老师讲授的知识。这样的教学模式对培养学生综合运用语言的能力特别是听说能力非常不利。随着社会对人才标准提出更高要求，培养高素质、创造性人才同样对英语教学提出了新的要求。在新的社会形势之下，教学主体应该由教师转变为学生，形成以教师为主导，以学生为主体的课堂教学形式。在以学生为主体的背景下，学生是教学活动的基本出发点，居于教学活动的中心地位，而教师成了课堂教学活动的组织者、引导者。

英语是一门实践性很强的学科，英语语言应用技能的获得与提高需要学生不断进行知识的吸收与实践。因此英语教学也应该在这个教学目标的指引下进行。学生学习效果在很大程度上取决于学生参与的积极性与主动性，因此英语专业教学应在教学主体方面进行转变，应极力增强学生的主人翁意识。值得注意的是，进行教学主体的改革并不意味着抹杀教师在教学中的重要作用。在以学生为主体的前提下，教师对其指导作用和引领作用更加关键。在教学中，教师应该向学生传授语言学习的规律与方法，启发学生思考，同时注重培养学生的自主学习能力，从而为其长远的语言学习能力的发展奠定基础。

（二）教学内容文化转向的具体途径

1. 英语教材的选择应贯彻文化转向理念

教材是教学内容的载体，教材决定了教什么和学什么，故教学内容改革的重要途径是改革教材，改革教材是英语教学内容改革的应有之义。因此，我国进行英语教学内容改革首先就要改革英语教材。

具体而言，在选用英语教材时应贯彻文化转向的思想理念，可以在教材中增加英语语言文化、语境的内容，增加听、说的练习，在教材中体现英语听、说、读、写、译五种技能之间的关系。科学、全面地揭示英语语言体系要素及要素间的关系的英语教材，能够使学生认识到英语学习是一个系统的过程，有机会接触完整的英语语言系统，在教师的指导和帮助下通过自主学习对英语语音、词汇、语法、文化、语境加以掌握，并在听、说、读、写、译等语言实践中理解、体验、掌握英语语言体系以及体系各要素之间的有机联系，从而真正吸收、消化英语语言知识，掌握并提高听、说、读、写、译技能，最终形成综合的英语语言应用能力。

2. 应在英语教学中帮助学生建构语言体系

要想在高校英语专业教育中贯彻文化转向这一理念，还需要在英语教学中建构语言体系，应将提高学生的语言使用能力作为主要目标。语言的学习主要包括语言的输入和语言输出两个方面，具体包括听、说、读、写、译五项技能。这五种技能关系密切，相辅相成。支配着这五项技能的是英语语言体系。英语语言体系是一个有机系统，包括语音、词汇、语法、文化、语境等要素。

将文化教学的理念贯穿于英语专业课堂，教学的内容要力求科学、全面地揭示语言体系要素及要素间的关系，在教师的指导和帮助下，学生通过自主学习加以掌握；并在听、说、读、写、译等语言实践中理解、体验和验证英语语言体系、体系各要素之间的有机联系，从而实现英语语言知识的内化，使学生真正掌握技能和方法。

建构个性化的英语语言体系具有可能性和可操作性，但是还需要一定的时间来全面实现。因为目前我国学生很难通过独立的学习来构建英语语言体系，需要教师的指导和帮助。教师运用功能语言学、认知心理学等现代语言教学理论的最新研究成果，充分研究教学内容和教学对象，把英汉两种语言进行比较，重新归纳、整合英语语言规则；教师将教学目标进行分解，将之细化成有机的英语语言知识体系。在此基础上，教师指导学生对照教学细目盘点自己现有的英语知识和具备的英语能力，帮助他们设计个性化的指标体系。

3. 恰当、有效地使用教学用语

英语课堂教学用语是重要的教学资源。正确、恰当、有效地使用教学用语，不仅能让学生得到一定量的语言输入，还能营造一个良好的课堂教学氛围，激发学生学习的主动性与互动性。

传统的英语教学，重视的是语言知识的教学，忽略了对学生英语听说能力的培养，为了改变这一现状，在课堂教学中使用通俗化、多元化、真诚化的用语，能够提高学生的英语接触范围。同时由于英语是我国的第二外语，因此课堂教学用语的改变，还能在一定程度上提高学生的语言使用范围和语言熟练程度。课堂教学用语的改变对于新型师生关系的培养也有着重要的影响。

①语言应通俗、易懂。语言教学与学习的目的是进行语言的应用，要想在英语专业教学内容中很好地贯彻文化转向的理念，对交际者的口语交际能力有着比较高的要求。同时语言趋于简化与通俗化是英语语言发展的一大特点。在非正式场合，尤其在口语中，“大”词逐渐被“小”词所替代，句子也越来越简短。在英语教学用语中也同样存在这样的现象与特点。这种用词的变化能够拉近英语教学与日常生活的距离，真正使学生接触到贴近生活的语言形式，从而增加学生对语言学习的兴趣。

②语言应多元化。随着经济全球化的发展及各国之间交往的频繁，英语作为世界性的语言，在世界范围内的使用迅速扩大，日益频繁，并且趋于多元化。语言的多元化是文化转向理念对英语专业教学的重要影响，因而教师在课堂中应该使学生多接触不同的语言形式与口语发音，增强学生对语言的感知能力。

③语言应真诚化。伴随着教学的发展，师生关系已经变得类似于伙伴间的合作关系，教师不再对学生使用僵硬的命令语气发号施令，代之以对学生提出建议、要求与希望。也就是说，教师的课堂教学用语已经从之前的教师向学生单向指令转变为师生互动式的商量与讨论。这就是说课堂教学用语变得越来越真诚化。

二、教学方法与手段的文化转向

为了更好地在英语专业教学中贯彻文化转向这一理念，应进行教学方法和手段的变化和革新。下面就结合教学方法的文化转向和教学手段的文化转向进行探讨和分析。

（一）教学方法的文化转向

1. 注重对学生思维的启发

英语教学的主体是学生，因此在实际的教学工作中，要想较好地实施教学方法的文化转向，应充分调动学生的思维，注重以多样化的教学方法来启发学生的思维。由于学生的英语水平各异，学习特点和学习方式也不一样，他们对不同教学方法的适应程度和喜爱程度也不一样。要提高教学效果，必须吸引学生的注意力，使其身心都投入课堂学习中，为此教师不应在英语教学课堂上使用固定的教学方法，而应根据教材特点、教学内容、学生特点等交替使用各种教学方法。使用多样化的教学方法有利于活跃课堂气氛，有利于集中学生的注意力，也有利于从不同角度、不同侧面启发学生的思维。

2. 重视提升学生的积极性

学生对英语学习的积极性也直接关系到文化转向下的教学方法是否能够得到贯彻和落实，并对英语课堂教学效果起着直接的决定作用。因而，在教学中，应注重提升学生的积极性。比较常见的提高学生积极性的方法就是采用提问的形式。

在教学过程中，有效的课堂提问可以激发学生主动参与课堂教学活动，提高学生对课堂教学活动的积极性。因此，英语教师要掌握好课堂提问的方法与技巧，有效地促使学生积极参与课堂教学，活跃课堂气氛，达到不断提高外语教学水平的目的。要利用好课堂提问来激发学生的主动性和积极性，教师要注意以下几个方面的问题：

其一，应根据学生的学习特点因材施教。教师要采取有效的教学方法提高教学效果，首先要了解教学对象即学生的情况，其中主要包括了解学生对英语知识的掌握情况、学生的英语水平、语言能力、学生在英语学习方面的优缺点以及学生的性格特点等。只有充分了解学生在这些方面的差别，教师才能在课堂教学提问中根据所提问题有针对性地找不同的学生回答，争取让每个学生都积极参与到每堂课中，让他们在轻松活跃的课堂气氛下学习。

其二，应善于运用启发式的教学方法，调动学生学习的积极性。学生对课堂活动是否积极主动参与在很大程度上影响着其学习效果，影响着教师的教学质量。激发学生英语学习积极性的一个有效方法是使用启发式教学方法。启发式教学的关键是创造一种情境，诱发学生产生疑问，提出问题，激起学生积极的思维活动和求知欲，使学生参与到英语教学活动中，从而培养学生思考问题和分析问题的能力。

其三，应以科学的方式正确对待学生的错误。人们学习任何事物都有一个过程，在这个过程中难免会遇到困难，产生错误。同理，学生学习英语的过程，难免会出现一些错误。在实际教学活动中，教师应避免过多纠正学生交际过程中出现的错误。在学生参与课堂活动时，教师对学生所犯的一些不影响交际和理解的错误，应采取宽容的态度。对于影响交际和理解的错误，教师应视具体情况加以纠正、引导。

3. 充分调动并激发学生的学习兴趣

英语专业教学方法的文化转向还需要注重对学生兴趣的激发。根据心理学的观点，兴趣是一种心理倾向，能使人经常趋于认识、掌握某种事物，力求参与某项活动，并且有积极情绪色彩。由此可见，趣味性是英语教学活动中的必要条件，呆板的教学方法不可能使学生对教学感兴趣，也不能产生良好的教学效果。因此，教师在教学中应该重视满足学生的精神需要，增加课堂的趣味性。事实上，一个优秀的英语教师应该使英语课堂教学丰富多彩、生动有趣，以激发学生对英语学习的兴趣，让学生始终保持主动积极并渴望学习英语。

英语游戏和英语竞赛对学生的英语学习兴趣有着积极的影响。英语竞赛、游戏既可以增加学习英语的兴趣和信心，还有助于培养学生开口的习惯和能力。同时游戏又可以缓解课堂的紧张气氛，消除学生的课堂疲劳，形成轻松和谐的课堂氛围。此外，课前及课间休息时教师可以给学生播放一些优美的英语歌曲，简单的歌曲还可以要求学生掌握歌词，进行歌词填空小游戏。但是，教师要明白，这些游戏的设置是为了辅助英语课堂教学，不能单纯为了游戏而游戏，偏离了初衷。

综上，在教与学的双边活动中，教师对创造轻松和谐的课堂气氛起着主导作用，教师要以自己满腔的热情、充沛的精力以及认真细致的备课建立轻松和谐的课堂气氛，引导全班学生始终以积极态度参加各种各样的教学活动，这样才有助于学生积极思维，有助于提高教学效果，锻炼学生的英语交际能力。

（二）教学手段的文化转向

为了顺应时代发展的趋势，并更好地贯彻文化转向这一理念，同时为了在呈现教学内容时体现出文化性、实用性以及趣味性等特点，并有效地调动教师和学生的积极性，同时确立学生的主体地位，在选用教学手段时，应倾向于使用一些基于网络的教学手段和基于多媒体的教学手段。

1. 使用基于网络的教学手段

网络环境下的英语教学能够很好地发挥学生学习的积极性和主动性，体现学生的主体地位，最重要的是它可以促进学生情感目标的达成。

首先，网络具有丰富的、开放的学习资源，学生只要掌握一定的网络操作技能，就可以根据自己的需求和兴趣，通过网上检索自主选择学习内容、学习方式和学习路径，进行自主学习或与他人进行讨论、交流，开展合作学习。

其次，网络学习资源还能及时为学生的学习提供反馈信息，为学生的个性化学习、自主学习创造有利的条件，使学生之间相互帮助、分享学习资源成为可能。因此，教学手段的文化转向应注意运用基于网络的教学手段。

2. 使用基于多媒体的教学手段

多媒体在英语教学中的运用呈现出明显的优势，它可以呈现丰富的内容、多样的形式、生动的画面，在教学中展现出非凡的能力。它通过鲜明的图像、有趣的声音刺激学生的视觉和听觉，吸引学生的注意力，并在学生头脑中留下深刻的印象，使原本枯燥、单调的教学增添许多生机、感染力，极大地激发学生的学习兴趣，进而提高教学的质量和效率。教学手段的文化转向应充分发挥多媒体这一教学手段的优势，设计与之相应的教学活动，通过语言环境的创设和语言知识的输入及运用，使外语教学由单向知识传授向多维信息互动传播转变。

首先，创设语言运用环境。语境对语言学习至关重要，它是语言赖以生存和发展的环境，也是语言运用的环境空间。从含义上进行分析，语境存在着狭义和广义的区别。狭义层面的语境指的是语言中的上下文语境，即词语或句子所存在的具体话语；广义的语境是指语言的客观环境，即语言的社会文化背景。

从语言学习的环境方面进行分析，语言环境可分为宏观的语言环境和微观的语言环境。宏观的语言环境是指自然的语言环境（家庭和社会），微观的语言环境是指课堂语言学习环境或氛围。一般情况下，人们可以在自然状态下学习运用语言，即通过各种形式（亲友同事相处、日常工作交往、各种社会活动参与等）和多种媒介（电视、报刊、广播等）自然习得语言。

我国的英语学习者大多缺乏宏观的语言环境的熏陶，教师应精心创设较为真实的语言环境，通过语境化语言输入帮助学生感知、理解语言。语境化输入是指通过创造合适的语境向学生输入语言材料，让学生从语言生成的背景和语言交流的语境来理解语言，从而真正掌握语言的规律，得体地使用语言。多媒体集多种功能于一体，表现力强，其图文并茂、声像俱佳的特点，能为学习者提供大量较为自然真实、生动形象的语言信息以及与之相匹配的情境信息，使学习过程生动有趣；同时可以多层次、多角度地呈现教学内容，对学生的视听觉感官形成共同刺激，为其提供必要的学习支持条件，使学生在情境与语言输入之间建立联系，促进他们对知识的理解和掌握。在大学英语教学过程中，教师可根据学生的年龄特点、认知水平和语言学习规律，选择适宜的媒体和形式，通过任务情境的创设，提供丰富的语言环境，从而使学生获得有用的语言知识和技能。例如，教师可利用视听媒体为学生提供不同场景下的社会活动场面（如节日、野餐、郊游等），让学生身临其境地感知语言的运用，指导学生从立体多维的信息中归纳出不同交际场合的交际规范和表达方式，使枯燥的规则与生动的场景相融合，从而激发他们的语言思维，并能学以致用，在展现自我的过程中学习和运用语言。当然，也可以作观后讨论，通过分析使学生了解中西文化交际的差异以及原因。这样既可以激发学习者的学习兴趣，又可以增强其对英语文化的敏感性，从而有效地获得语言知识和语言运用能力。

其次，增加语言使用机会。学习的最终目的就是运用，要想把英语运用自如，就必须给学生提供足够的、可理解的语言输入，让学生在感知语言的过程中掌握语言知识，为语言的运用奠定基础。

运用多媒体进行英语教学，能在有限的时间内增加语言的输入量和提供学习者实践的机会。教师可以充分利用这些丰富的资源为学生提供真实语料，使学生根据自己的情况（学习程度、兴趣爱好等）选择相关资料进行超文本自主阅读；也可以采取任务型阅读方式促使学生阅读，即给学生规定一定的阅读量或让学生做阅读后续活动（如阅读理解、要旨归纳、故事简述等），通过大量的语言接触增强学生的语感和阅读能力。

教师可以选择电影、电视节目片段，并通过多种播放方式（如定格观看、无声观看、只听不看等）加深对语言信息的领会，同时轻松愉快地感悟语言的真实运用，掌握基本语言知识；并根据特定的情景设计拓展型练习，在情感交流、思想表达的过程中扩大语言的输入与输出量，最终提升学生的语言运用能力。教师还可以利用电子幻灯、投影等媒体展示语言信息及背景，展示时一边放映，一边有针对性地进行启发、引导和讲解，通过画面和声音的有机结合，激发学生积极思维，帮助学生理解、掌握语言知识。举例来说，英语教学中的一个重要方面——文化教学，利用多媒体可以使原本枯燥的学习变得生动和深刻。教师可以搜集、存储、编辑相关文化知识，并以多种形式呈现给学生，让他们通过对比中西文化的异同进一步探究文化的深层内涵。比如，可以利用

PPT展示目的语国家文化的不同侧面（如建筑艺术、服饰饮食等）；或者利用影片片段、CD光盘等介绍礼仪、节日庆典、民俗等；还可以从网上下载与教学相关的社会文化背景材料，以文化旁白的形式插入到课文讲解中。总体来说，教师要充分利用多媒体教学手段，多维度、多层面地辅助英语教学，从而有效地帮助学生习得和运用语言。

三、教学场所与测试形式的文化转向

教学场所和测试形式是英语专业教育中的重要组成部分。基于语言学习本身所具有的特点，生动、真实的语言交际发生的教学场所通常会对语言学习产生极大的促进作用。同时，开放、多元的测试形式也有利于促使学生掌握所学课程并能极大地激发学生学习语言的兴趣。因而，在英语专业教学中贯彻文化转向的理念，也应在教学场所和测试形式方面进行相应的文化转向。

（一）教学场所的文化转向

教学场所的改变是时代发展的必然要求。随着英语专业教学的发展，传统的英语课堂教学已经难以满足社会发展对人才的需求。通常，在英语专业教育中，教学场所的文化转向可从以下几点着手。

1. 依托图书馆

高校图书馆的馆藏文献资源、多媒体资源及网络数据库资源，为发挥英语教学辅助功能提供了有力的保障。同时，伴随着国际交流的发展，世界各国的众多图书都能在图书馆陈列着并且易于学生参阅和查找资料，因此依托图书馆成了拓宽教学场所的重要途径。

（1）建立英语专业等级考试相关的数据库

考虑到我国高校英语专业等级考试这一特殊需要，图书馆可将相关考试信息作为特色馆藏，对其进行重点建设。将相关的文献资料、光盘、磁带等进行整理和补充，制作成考试信息数据库。数据库的信息应包括以下几大方面：①英语专业教学大纲；②英语专业等级考试要求；③历年英语专业等级考试题集；④英语专业听、说、读、写、译、词汇等项目的考试复习方法等。

（2）建立多媒体网络教室

多媒体网络教室具有网上交互功能以及强大的信息服务功能，是理想的语言教学环境。师生可以借助多媒体网络教室开展多元化的语言学习和文化活动，如开展常规听说教学、访问网上英语学习资源（站点）、开展网上教学或者访问英语专业等级考试信息数据库等。

（3）做好学生的个别辅导工作

图书馆应充分利用并发挥自身的优势，对学生实行个别化的辅导，通过馆员导读或检索系统，向不同程度的学生推荐不同的信息，从而帮助其有针对性地检索和查询资料。馆员还应加强同各系部和外语教师的联系，了解学生们的英语学习情况，开办英语基础知识辅导班，探索帮助差生取得进步的新路子。

2. 利用互联网

网络教学在英语专业教育文化转向中的优越性主要体现在以下几个方面。

（1）提供海量的文化资源及其他语言素材

互联网上的外语（主要是英语）不仅有文学语言，而且更有本族语使用者运用的大量日常生活用语，这些资料不仅数量大，还有着生动、地道的特点。与此同时，网络上的信息更新速度非常快，师生通过网络能及时接触最新信息，并了解语言的变化与发展，这些都对学生的语言学习和文化知识学习有着至关重要的作用和意义。

（2）搭建丰富的开放性平台

在网络环境下，学生可以从广泛的信息资源中选择他们所需的学习材料，按照他们各自的实际情况来设计和安排学习，使自己成为学习的主体，学习有了很大的自由度。这对于提高学生的主动性十分有利，还能激发学生的思维和创造力。

（3）促进各项语言技能的提高

利用网络，能实现与他人同步的交流，通过电子邮件、互联网聊天室与实像多人会谈（video conferencing）等开展一对一或多人的交际活动。这样，不仅能使师生之间以及学生之间互通信息，而且能全面提高学生的听、说、读、写、译各项语言技能的水平，对发展学生的认知能力与语言交际能力也有一定的帮助。

（4）拓展个性化的学习领域

网络英语教学克服了传统课堂教学的弊端，突出了个性化学习。网络环境的多样性为个性化英语教学提供了广泛的发展空间，教学双方可根据自己的需要进行教和学，从而使个性化英语教学成为可能。一方面，教师可以因材施教，有区别地安排教学内容、教学方法甚至考试形式；另一方面，学生可以根据自己的具体情况来选择学习内容。

教学场所的改变不仅能够使学生接触到更多的英语知识，同时还能在一定程度上拓宽学生的国际视野，培养其英语思维，为其日后的英语交际打下基础。

（二）测试形式的文化转向

1. 听力测试的文化转向

一直以来，听力测试都是作为测试中的小项目存在的，并没有受到足够重视。但是，在实际的语言交际过程中，听力对交际的顺利进行有着极大的影响。如果交际者无法听清楚说话人的信息，便很难进行后续的交际活动。因此，在教学中进行听力测试的文化转向能够提高学生对听力的重视程度，同时，还能有效促进学生英语语言的形成。为了更好地顺应听力测试的文化转向这一理念，通常可从以下几个方面着手进行改革：

首先，确保听力题型多样。听力阶段性测验的题型具体可以分为以下几种类型：①听单词和词组；②听句型和句子；③听对话、听课文或短文；④听小故事或小幽默等。

这样的设置可以让不同程度的学生都能回答。同时这种多样性的听力题能够提升学生的英语使用熟练度，对日后的交际有着重要的促进和演练作用。

其次，准备多套听力试题。不同的班级答不同的题，同一班级的试题可以分为A、B卷，并注意安排好座位，避免学生之间互相抄袭，以确保考试的公平、公正和严肃性。

最后，进行随堂测试。进行随堂听力测试也是一种常见的听力测试形式。这种测试形式不拘一格。有时对学生进行听写训练；有时放录音，学生按题中要求完成试题；有时学生听电脑里的资料，然后回答问题。同时，平常进行听力测试，题型也比进行综合测试时多，因为时间可以更长、更灵活。另外，这种阶段性测验范围小，学生的注意力容易集中，而且听力效果也不错。

在英语实际使用的过程中，交际者会面对不同的复杂状况，因此需要其灵活应对，在听力测试中采用不同形式的试题，也是对学生应变能力的一种训练，符合听力测试文化转向这一教学理念的要求。

2. 口语测试的文化转向

①读一段课文并译成汉语。

②读出50个单词或词组，然后将其翻译成汉语。

③用英语复述课文。

④读课文找出本课的语法并说明。

⑤读课文译成汉语，然后用英语回答教师提出的问题。

⑥用课本中学过的单词、词组和语法口头造句，同时变成同义句。

⑦根据课文内容口头命题作文或即兴表演和演讲。

这种类型的阶段性测验对提升学生的英语口语表达能力非常有利，同时还考查了学生的基础知识和基本技能。

第三节　英语专业教学文化转向的影响分析

一、跨文化交流给英语教学实践带来的挑战

跨文化交流从发展来看，引入国内的历史相对较长。跨文化交流的频繁化，提升了英语学习者的学习范围、知识难度等，有利于英语学习者实现利用英语顺畅交流、自然交际的目的。新形势对英语教学提出了

更高的要求。跨文化交流与英语教学之间有着紧密的联系，英语教学包括传授英语知识和培养学生用英语交际的能力这两方面的内容，对学生们应用英语进行跨文化交际的能力进行培养具有十分重要的意义。从这个层面看，英语教学已经成为跨文化教育中的主体内容，当然，跨文化交流也给英语教学实践带来了不小的挑战。

（一）人才培养观念的转型要求

国际跨文化交流已经成为国家之间、商业之间对话的主要表现。从我国现实发展需求来看，国家发展离不开大量高素养的国际人才从事国际贸易，处理国际事务，加强国际文化交流。国际化人才不仅要具有良好的知识结构，还要有优秀的语言能力，更重要的是要有国际化的文化理念，对外国文化传统和交往礼仪比较了解，具有跨文化交流的素质，这些都对跨文化人才培养提出了更高的要求。

1. 文化态度的转变

针对差异化的文化，跨文化教学必须首先保证学生对不同的文化抱有理解和宽容的态度。不同文化之间有着明显的区别，教师需要改进自身的文化不足，让自身得到提高。这有利于教师在把握不同文化的特征时更加客观，教师在发现差异的过程中也能够寻找到许多不同文化中的相似之处，进而增进文化认同感。

2. 文化适应的培植

学习者要在跨文化交流中拥有逐步强大的适应能力。人们在第一次与文化背景不同的外国人进行交流时不可避免地会遇到不同程度上的文化冲击，这种冲击或多或少地会对人们的进一步交流产生影响，如果要继续保持良好的交流，人们就需要提高自身的适应能力，减少文化冲击带来的影响。因此，在跨文化交流背景下，人们应该具有良好的文化适应能力。

3. 交际技能的培养

从理解的双向性看，跨文化交际能力必须基于母语与英语双方文化，实现文化双向互融互合。为了顺利、得体地与外国人交往，仅仅有丰富的词汇和地道流利的语言表达能力是远远不够的，还必须了解外国人的历史、习俗、生活方式和价值观等。跨文化交流的机会随之增加，人们对学习英语的需求也更加迫切，具备英语语言素养，能够保证在不同的场合与不同语言的交流者实现沟通。

故而，跨文化交流是在适应社会需求与教育挑战背景下进行的。英语教育必须保障所输出人才能够胜任对外交流工作，是具有国际竞争能力的人才，而英语专业教育的重点也应该有所转变，即转变为全面发展学生的英语能力，并通过各种途径不断培养学生的实用交际能力。在高校英语专业教学中，要重视文化差异意识的渗透，加强学生对不同文化背景的了解，拓展学生的知识面，要帮助学生形成良好的跨文化交际能力，进而培养输出更多的国际化人才。

（二）语言教学理论的革新需求

很多研究表明，跨文化交流不仅仅是简单的话语交流，更需要交流者能够从文化上深度理解英语交流的习惯。可以说，文化上的差异会成为交际中一个难以跨越的障碍。有些语言学家指出，人们在说话时，不仅要遵守一定的语言规范，还要遵循一定的文化规则，按照文化习俗来组织话语，选择表达方式。在跨文化交流中，仅有语言方面的知识还不够，还必须熟悉对方的文化背景，尤其是言语表达方面的文化规则和习俗。故而，以跨文化的视角来审视当前英语教学，当前英语教学亟须在理念上转型，在指导理论上更新。

在跨文化交流语境下，文化差异对交流的冲击是不可避免的。有学者指出，“文化错误”要比语言错误更为严重。由于语言错误最多只是词不达意，无法把心里想说的东西清楚地表达出来，但文化错误却可能会使两国友人之间产生非常严重的误会。只有具备一定的跨文化交际能力，说话者才能够有效地避免由于文化背景不同而造成的交际障碍，较为顺利地实现交往的目的。不过目前国内对于跨文化的理解并没有科学严谨的导向。很多研究者对跨文化交际的重要性认识还不够，很多人认为只要学好英语，一切交流便迎刃而解了。但是，这种认识实际上是错误的，它可能会导致跨文化交流的误解。由于文化上的差异，我们平时所认为的常识并不具备世界范围的普遍意义，文化背景上的差异会使人们对同一种行为产生不同的理解。例如，问候语是一种很流行的普通语言行为。在日常交际性的谈话中，中国人会很自然地问起对方的年龄、婚姻、子女、工资等情况。特别是当对话出现在年长者和年幼者之间时，年长者会很自然地向年幼者提问“你结婚了吗”“你有几个孩子”“你的工资是多少”等。在中国人看来，这显示了长辈对晚辈的关心，是一种很亲近的行为，但是，英美人却认为这属于个人隐私，如果谈及这些问题是一种很不礼貌的行为。这种文化上的差异往往会造成中美学生的隔阂，中国学生与英美人交谈时往往在不自觉中就伤害了对方的感情。英美人见面时经常使用的问候语是 Good morning/afternoon，就算是关系很好的朋友见面也经常以诸如“It is a nice day today，isn’t it?”这样的谈话作为开头。这与中国人的谈话方式存在显著的差异，我们经常会用“你最近在忙什么”作为开头。不过，这种问候语往往会招致英语国家人群的非议，因为他们并不乐意将自己所做的事情透露出去，认为这是窥探隐私，会生厌以致变得不友好。

故而，如若减少跨文化的认知交流冲击，英语教学研究就必须首先沉入一线课堂，了解实况并产生思考与经验。要知道，英语教学不能仅仅定位于培养学生的一些基本英语能力，还要培养学生的跨文化交际能力。文化的发展产生了语言，这一特点让语言具有深刻的文化含义，在不同的文化背景和不同的交流对象进行交流时，如何准确和合理地表达一个意思，需要对文化含义有很好的体会。英语教学不应该仅仅只是语言教学，还应该包括文化教学。倘若单单局限于传统语言教学理论来服务英语教学，显然难以适应跨文化交流对英语教学的新要求。在跨文化交流的背景下，我们重新审视英语教学，以更加敏锐的眼光发现英语教学中的问题，并对英语教学观念、内容和方法作出科学论证与考量，并积极应对跨文化交流的新问题与新挑战，以此来应对跨文化交流给外语教学提出的新的任务。

二、跨文化英语教学对学生文化认同的影响

（一）大学生对中西文化的认同程度存在差异

优秀的传统文化堪称语言教学的精华与宝贵财富。博大精深的中华优秀传统文化是我们在世界文化激荡的形势中站稳脚跟的根基。虽然目前大学生对母语和目的语所内隐的文化有一定的辩证态度，但母语文化的日渐缺失必然会带来潜在威胁。因此，这就要求高校仍需进一步深入加强和改进大学生母语文化教育，尤其是使学生对中华优秀传统文化进行继承和发扬，让大学生吸收传统文化中优秀的成分，并能在此基础上正确对待西方文化，汲取积极有益成分。高等教育往往是中西方文化的培育主体，更是动态进行人才培养调整的核心阵地。

（二）大学生对西方优秀文化精神内涵认知模糊

在深入大学生群体的调研中，部分现代大学生对于西方文化表现出浓厚的兴趣。在文化层次结构上，大学生对西方文化有想深入了解和学习的想法，但不知如何甄别、汲取，从而反映出大学生对西方文化精神内涵理解得不清晰、不透彻。大学生虽然不同程度地接触过一定的西方文化，并且也知道“取其精华，去其糟粕”，但不清楚“取”什么、如何“取”以及“取”到什么程度。因此，高校英语教师在教授英语语言知识的过程中，应引导学生对西方优秀文化精神内涵进行深入的了解，使其对其他文化也能做到辩证认知，成为理性的跨文化学习者。

（三）观念文化层次对学生文化认同的影响

从当前高校教育现状来看，英语专业与非英语专业学生对于观念文化的认知处在两个方向，在学习英语的过程中，母语文化与目的语文化存在一定的冲突和干扰。同时，在分裂性文化认同上，英语专业学生要显著优于非英语专业学生，且二者之间存在显著性差异，表明英语专业学生在学习英语过程中所经受的文化冲突、文化干扰，其程度比非英语专业学生要强烈。故而，英语学习会直接影响到英语学习者的文化

认同。

同时，在英语专业跨文化教学条件下，刚入大学的学生在个人思维方式、语言表达等方面普遍表现出了因语言学习带来的对母语文化和目的语文化某些方面的纠结和无所适从的想法，具有明显的分裂性文化认同特点。

如此看来，语言文化教育者除了要完成一般的英语课程及文化教育任务，还应该从意识上防止英语中的不良文化对民族核心文化的渐进式威胁。高校教育者要深入理解语言学习的多重价值与需求，更要重视其复杂性，要将英语教育打造成真正的素质教育，而非单纯的技能教育。此外，更要强化英语教育中的母语文化认知，维护母语文化的意识引领地位。

三、跨文化英语专业学生就业素养的协同培养

（一）重视外国文化知识的传授

外国文化是跨文化英语教学不可忽视的重要部分，因此，教师要重视外国文化知识的传授，通过各种途径帮助学生掌握外国文化知识。

首先，在课堂教学中增加外国文化的内容。教师在讲解到某一知识点时，对涉及的文化知识进行讲解，让学生深入了解某一知识点的来源和用法，拓宽学生的知识面和视野，培养学生对外国文化的兴趣，提高学生的跨文化交际能力。

其次，引导学生在课外广泛接触和学习外国文化知识，让学生全面了解外国的政治、经济、文化。同时教师定期组织文化交流活动，让学生相互交流彼此的心得和体会，不断提升文化素养，为今后的文化交际和就业打下良好的基础。

（二）持续推动跨文化英语教学创新

当前跨文化英语的教学方式比较单调、枯燥，教师要不断创新教学方式，通过多样性的教学手段激发学生的学习兴趣，提升教学效率。

首先，要充分利用多媒体这一教学手段，通过短片、视频、电影等

形式让学生了解跨文化交际，帮助学生了解外国文化知识，直观地看到跨文化交际的过程，看到真实的跨文化交流活动，提高自身的跨文化交际能力。

其次，运用情境创设、戏剧表演等方式模拟跨文化活动，在实际交流中学习跨文化交际的表达、姿势、表情等细节，加深对跨文化交际能力的理解。

（三）不断扩展实践锻炼的机会和平台

在当前的就业形势下，用人单位对学生的实践能力和实用技能格外重视。因此，跨文化英语教学中的实践锻炼至关重要，既可以有效提升学生的跨文化交际能力，又可以为学生就业增加筹码。

首先，在校内建立语言、跨文化实训基地，配备完善的语音训练设备和软件，让学生掌握准确的发音和表达方式，同时建立商务活动模拟场景，让学生在仿真的环境中交流和表达，不断提升学生的实践能力。

其次，为学生创造与外国人交流的机会和平台。高校可以定期组织英语角或英语沙龙活动，邀请校内或校外的教师、留学生定期参与，为学生提供跨文化交际的平台，提高学生的英语实用技能。

（四）动态提供科学的就业规划指导

高校要帮助学生树立正确的择业观，定期开展就业讲座，帮助学生了解就业环境和自身的能力，扩大就业选择的范围，提高就业能力。同时，高校应与企业联合开展校企合作，定期组织学生进企业实习，这样做一方面可以提升学生的跨文化交际能力；另一方面可以更好地了解用人企业对学生能力的需求，便于有针对性地开展教学，提升学生的综合素质。

第四章　中国文化与英语教学融合的相关问题探究

随着全球化的不断发展，中国与世界交流的机会与日俱增，现代科技的日新月异也使得我们对来自异国的社会与文化有了更多的接触和了解，同时要求21世纪的人才要学会与来自世界各国不同文化背景下的人们相处，熟知对方的文化背景，进行跨文化交际的活动。但是随着外来文化的不断输入，人们对本国文化的关注度在逐渐降低，尤其是对于在校的学生，在大量学习外语的同时了解并过多地关注异国文化，没有对母语文化和异国文化进行正确的区分和对比，造成轻重失衡，使得在学习外语的过程中遇到文化思维障碍，引起语言学习上的困扰，同时在传播自己本国文化时遇到了“母语文化失语”的情况。跨文化交际活动从本质上来说是一项双向的活动，是两种文化相互碰撞和交流后产生的。在接纳异国文化的同时，应该学会保留和传播自己的母语文化，这才是跨文化交际的本质需要。如果在交际中缺少其中一方的文化，就会引起跨文化交际的不平衡，导致交际的失败。同时，随着中国在国际上地位的提升，也有越来越多喜欢中国传统文化的外国人来到中国，这就要求在外语教学中贯穿中国传统文化，使外语学习者掌握相关的中国文化背景信息，在对中西方文化对比的基础上了解中国传统文化，为中国传统文化的输出打下基础。因此，在大学英语教学中，文化教学不可忽视，体现中国文化的内容更加必不可少。本章将对中国传统文化与大学英语教学融合的相关问题进行探究。

第一节 中国文化与英语教学融合的必要性

在大学英语教学中融入中国传统文化知识是非常必要的，这是时代发展的要求，也是传播中国文化的需要，更是学生综合素质培养的需要。

一、适应全球化多元文化发展的时代要求

文化全球化的重要特征是文化明显呈现出相互融合和多元性的趋势。世界逐渐联成一体，成为“地球村”。经济全球化的发展，高新技术特别是信息技术及其产业的迅猛发展，使人类的交往已经扩大到全球范围，形成了世界性的普遍交往。这就促使中西方文化走向相互融合，从而减少和避免彼此间的对立和冲突。它们之间的冲突、交流和融合正呈现出一种新的态势——多元发展趋势。在全球化背景下，经济与技术的交往、商品和资本的流动、信息的快速传播、人员的跨国流动、大众传播媒介和网络的无所不在，使得各民族的文化突破特定的地域环境和社会语境变成一种“流动的符号”，融入一个全球性互动的文化网络之中，不同形态、不同民族文化之间的并存、比较与相互渗透第一次即时性共场景地展现出来，也使那些原来长期以自我为中心的文化或文明直接感受到“他者文化”的存在，进而产生对“他者”的尊重和理性认知，有利于减少文化或文明之间的冲突和对抗。可以说，多元文化或文明间的差异性正在成为全球化时代文化的基本格局。

当代大学生是民族的未来、国家的希望，肩负着建设国家、保卫国家的重任，肩负着国家现代化的重任。但他们对中国文化的认同令人担忧。未来的竞争是国民的竞争，是文化的竞争。一个在文化上自卑的、缺少民族文化认同感的民族，是不会在这场竞争中坚持下来的。因此，我们要充分认识到培养学生中国文化认同感的紧迫性和重要性。这种现实要求外语教育工作者高度注意教育这块培养学生中国文化认同感的主阵地。

二、培养大学生民族感情的需要

中国文化与大学英语教学相融合是大学生民族感情培养的需要。我国的传统文化博大精深，历史悠久。几千年来，它维系着中华民族的精神追求和文化命脉，也是世界文化体系中重要的组成部分。中华民族的传统文化是中华民族长期发展的产物，它的形成和发展有其历史的必然性和内在的规律性。在当今文化全球化过程中，在西方文化占据主导地位的形势下，继承和弘扬本民族的优秀文化传统，是有效抵御外来文化侵袭的需要和重要手段，在民族进步和历史发展的过程中起着多方面的重要作用。回顾中华民族的历史我们更能清楚地看到，中华民族的传统文化特别是其中的优秀部分一直是我们的民族之魂，是维系中华民族生生不息的精神纽带，在中华民族的历史发展和社会进步中一直起着积极的促进作用。然而，由于种种原因，大学生中淡化民族文化的倾向依然存在，有的“非古讽今”，有的主张全盘“西化”。诚然，西方文化与东方文化之间并无优劣好坏之分，但是我们有自己的文化传统，有自己的文化精华，它们滋润着连续了五千年的中华文明，是任何一种文明所无法替代和超越的。因此，我们必须强调“文化自觉”，提升民族意识，培育民族精神，对中国传统文化中的优秀部分应结合现实需要加以提升和吸收。民族精神是一个民族赖以生存和发展的精神支柱，一个民族，没有振奋的精神和高尚的品格，不可能自立于世界民族之林。

不管是学校教育还是社会教育，都要对大学生加强对中国传统文化的教育和引导，让青年在继承优秀文化传统中去弘扬和培育民族精神。而外语教学中的中国文化认同教育不仅可以传授文化知识，而且还能通过历史事实激发学生的民族自豪感，激发爱国热情，培养爱国主义精神，树立民族的自尊心和责任感。

三、培养大学生人文素质和思想道德修养的需要

中国文化教育是培养大学生人文素质和思想道德修养的需要。大学

生在小学、中学阶段曾经接受比较系统的母语教育，不断得到母语文化的熏陶。但是，他们的母语文化基础只是在无意识中建立的，是零碎而非系统的。特别是接受应试教育的学生，对《论语》《道德经》等哲理书、“四大名著”等古典著作可能从没进行认真的阅读。到了大学阶段，学生主要精力投入在除了专业之外的英语学习上，接触的大多是外语材料。而浓浓的英语文化气氛又使他们淡化了母语知识和文化。因此，他们普遍缺少中国文化基础，缺乏中国文化素质，结果导致整体素质下降，道德约束减弱，缺乏礼的观念与行为，人际交往中缺乏信赖，抛弃诚信。也就出现了人文精神失落和价值观混乱的现象。思想素质是衡量一个人素质高低的重要标准。一个人如果没有较高的思想素质，再有才华也是不全面的，甚至是危险的，一个不爱祖国传统文化的人是不可能热爱祖国的。因此，忽视中国文化教育，提高学生思想素质就是一句空话。

因此，我们必须让学生借助中国文化课程，学习中国文化知识，阅读中国相关文化书籍，系统地、全面地学习了解本民族文化，有意识地吸收精华，加深文化内涵，让学生对祖国的传统文化有所了解并培养学生对祖国灿烂文化的热爱之情，从而激发他们对人类社会发展的责任感和使命感。只有这样才能提高大学生的整体人文素养和思想道德修养。

四、有利于大学生理解和弘扬中国文化

一个民族的文化是其屹立于世界之林的独特品质。中国是有着五千年历史的文明古国。祖先给我们留下了博大精深、光辉灿烂的文化遗产。像中国古代哲学思想、古代教育和科技成就；汉代的辞赋、唐代的诗歌、宋元的词曲、明清的小说和戏剧；还有祖先们在医药、农业、天文、地理等方面的巨大成就，都闪烁着智慧的光芒。我们的文化遗产不仅哺育了一代代华夏儿女的精神，而且，它的伟大作用也正在为世界上其他文化所认同和接受。许多学者的研究提出，中国文化是能够在21世纪发挥日益重要作用的文化。例如，英国著名学者汤因比在《展

望21世纪》一书中说："中国的传统文化，尤其是儒家和墨家的仁爱、兼爱思想学说是医治现代社会文明病的良药。"他指出，儒家的仁爱"是今天社会所必需"。我国国学大师季羡林先生也提出"东学西渐"的理念来论述中国文化对当今世界的影响。在文化全球化遍布全世界，与西方社会交流频繁的今天，我们需要更多的能熟练掌握外语并能利用外语向西方弘扬中国文化的人才。发展和弘扬本民族文化已经成为我国的当务之急。然而，很多时候我们却发现我们培养的大学生无法用英语表达平时自己熟悉的本国风俗文化（或表达不到位）。在跨文化交际中，英语语言只是一种交流的工具，其实质是双方思想和文化的交流。若只是一味地吸收外来文化，而无法将本民族的优秀传统文化传播出去，这种交流本身就是不平等的。长期下去对国家和民族的发展极为不利，中华民族要想崛起于世界民族之林，就应该让世界了解和尊重中国的文化。

作为青年的大学生，既是西方国家"文化渗透"的对象又是我国文化对外传播的承担者，理应在英语学习中加强对母语文化的积淀，担负起传承中国文化，与世界人民共享人类宝贵精神财富的任务。尤其是英语专业学生在学好英语语言文化的同时，必须系统地强化中国文化，达到能用英语娴熟而准确地表达中国文化的程度，向世界传播弘扬优秀的中国文化，以利于人类的良性发展与和谐世界的创造。

五、促进中西方文化共同发展的需要

全球化在文化上表现为一种丰富多彩的各具特色的多元文化特色，人类文化的多元性体现了不同民族地域文化的丰富性特征。人类历史表明，正是各种不同体系的文化构成了世界大文化的宝库，正是人类不同文化表现出来的个性化特征构成了人类文化的灵魂，它们使得世界文化宝库的构成多姿多彩。所以，在应对全球化挑战的这个问题上，主张"全盘西化"或主张本土主义或民族主义显然都是不可取的。文化本身并没有优劣之别，每一种文化都适应着一定的社会历史条件，发挥着自己的作用。中西方文化根植于不同的民族土壤，都处于动态的进化过程中，既有优点，又有不完善之处。因而中西方文化在交流过程中应该享有平等的地位和权利。现阶段的文化教育应兼顾目的语文化和母语文化，要克服民族自卑心理和民族中心主义两种极端情绪。在大学英语教学中进行中国文化认同教育，实际上是用英语进行文化的双向交流。这也是社会赋予新时代大学生的神圣使命。在英语教育中开设西方文化课程的同时增设中国文化课应是两手抓之举。在外语学习或跨文化交际中，学生是以双重的文化心理进行的。建立比较系统的目的语文化知识体系能深层次地了解西方民族思想的起源、风俗习惯、语言及其反映的思维方式和这种思维方式对语言应用的制约；而建立母语文化扎实的基础，则能从另一角度了解自己和了解别人，扩大文化知识的储备量，促进知识平衡，完善知识结构。中国文化意识的培养贯穿于英语教育的全过程，在教学中不断渗透中国文化元素，培养学生强烈的民族自豪感和平等文化交流的态度，从而进行健康有益的跨文化交流。同时引导学生意识到文化的世界性，学会生存、学会学习和合作、学会理解和关心他人。从某种意义上说，系统的中西方文化知识使学生感悟到中西方文化的异同，使他们在学习和实践中，有意识地比较区分，培养文化的敏感度和辨别能力，减少文化错误和文化冲突，顺利地完成双向的文化交流。

六、有利于学生提高语言综合运用能力和交际能力

大学英语教学融入适当的中国文化教育是有利于学生提高语言综合能力和交际能力的。《大学英语教学大纲》明确指出，大学英语的教学目的是“培养学生具有较强的阅读能力和一定的听、说、写、译能力，使他们能用英语交流信息。大学英语教学应帮助学生打下扎实的语言基础，掌握良好的语言学习方法，提高文化素养以适应社会发展和经济建设的需要”。《高等学校英语专业英语教学大纲》也对学生的文化素养提出了更明确、更详细的要求，“英语专业高年级学生要熟悉中国的文化

传统，具有一定的艺术修养，熟悉英语国家的地理、历史、发展现状、文化传统、风俗习惯”。这里所说的“用英语交流信息”，不应片面地理解为用英语这一工具去学习了解外国先进的科学文化知识，而应理解为双方信息的相互沟通，包括用英语进行母语文化的有效输出。“提高文化素养”主要是靠外语教育中的文化教育来予以实现的。大学外语教育应有助于学生开阔视野，扩大知识面，加深对世界的了解，借鉴和吸收外国文化精华，提高文化素养。与此同时，外语教育也应有助于进一步了解本族语的文化精华并掌握它们相应的外语表达。

充分掌握母语与母语文化是外语学习和外语交际能力不可分割的重要组成部分。王佐良、许国璋、李赋宁、王宗炎等英语界泰斗都是在汉英两种语言、两种文化的浸泡下成长起来的。在他们的时代，还没有英语文化教学这一20世纪80年代才出现的概念，然而凭着他们深厚的母语和母语文化基础，他们掌握了英美文化，获得了外语交际能力。许多著名的翻译家如钱锺书、巴金、鲁迅、瞿秋白、叶君健、杨宪益等，他们的译作水平至今仍无人能及，因为他们本身就是中国文化专家。为什么当代青年翻译达不到翻译界这些前辈同龄的水平？是他们的母语与母语文化根底还不深厚。胡文仲、高一虹于1997年对全国26名“最佳外语学习者”进行调查后，得出的结果是：调查对象在学习外语和外国文化的过程中逐渐培养了自己突出的扬弃能力。这种能力不仅有助于提升他们的语言和交际能力，而且对于整体人格的完善也有着积极的作用。对待母语、母语文化的态度与对待外语、外国文化的态度是互动的；对母语、母语文化和对外语、外国文化的掌握是相互促进、相得益彰的。这些人的经历表明，他们的母语和外语、母语文化和外语文化在人格中有机地整合在一起。他们厚实的母语根底、博大精深的母语文化知识造就了他们超出常人的外语水平和外语交际能力。

由此可见，未来社会的外语人才不仅仅具有较高水平的外语知识、外语技能和外语交际能力，还必须同时具有很高的个人素质，如高度的社会责任感与强烈的民族自尊心等，这是外语教学中不可忽视的义务。

在此当中，外语教学中的中国文化教育将对此贡献出它应有的力量。

第二节 中国文化与英语教学融合的方法

一、利用文化包传递中西方文化差异的信息

文化包最早是在1961年由外语教师Darrel Taylor和人类学家John Sorenson提出的，之后就成为跨文化学习的重要方式。该方法在课堂上需要花费5～10分钟，并且全面地讲述母语文化跟目的语文化之间的特点和区别，而且还充分地采用媒体手段来展示这种差异，进而让学生提出疑问，针对出现的问题进行分析和研究。它具有以下两个特点：一是主题非常灵活，二是具有感官刺激，所以易激发兴趣。很多英语教材中都有涉及，并且将其作为新课程导入的前奏。根据张红玲的研究，在特定的时间内完成有效的文化包存在较大的难度，所以每次都由两个同学配合完成，并且将最终的结果汇报给教师，一般将准备的时间确定为一周。在选择主题方面，根据学者的研究，将根据比较内容的特点，循序渐进。根据沈银珍的研究，她把文化比较归为五类：习俗文化、思维文化、历史文化、心态文化、体态文化。与此同时，需要立足于实践，并且将每一个文化包作为突破点，通过一些词汇来展示出习俗、思想之间存在的差异。在文化分析理论基础上，全面客观地分析中国语境文化呈现的内隐性和集体主义的倾向。学生在教师的帮助下，可结合中国历史文化的特点，设计出“中国诗歌”“四大发明”“印章篆刻”“宾客宴请之礼”“礼尚往来”等主题文化包。

二、利用课堂随文解说，进行文化导入

教师可以结合“本土文化”来教学，在实际课堂教学中，学生所接触的素材大多是英美国家的文化、历史与现状，中国文化在英语课堂上介入量相当少。当教师在介绍西方的饮食文化时，也可以导入相对应的

中国文化。因为教材等一些因素，以致学习了很多年英语的学生无法使用合适的词汇来描述日常的事物，如糖葫芦、太极、改革开放等词语。甚至还有不少学者针对中国文化失语现象提出了重新设置教材内容的意见，而且提高了教材中中国文化所占据的比重。现在的大学英语教材中有很多体现了文化教学的观点，每册书中都包含了中西方文化，充分地体现了只要在英语课程学习中花费一定的心思，就可以找到中国文化导入的切入点，在这样日积月累的情况下，提高学生文化的敏感性。

三、根据所学课文模拟写作

语言的深层共享能力实质上就是语言迁移的机制，所以教师和学生应该全面系统地认识到母语在外语学习中的地位和影响，从而提高学生的英语写作和表达能力。母语对二语写作的影响一般是从写作的理解、语言的要求上体现出来的，而语言结构、词汇量等贯穿在写作的方方面面。母语在一定程度上丰富了二语的内容，并为其提供了丰富的素材。

四、设置校本课程，系统介绍中国文化

课程标准的理念之一就是大学的英语课程要满足不同学生的所有需求，力求多样化。国家课程无法满足不同地区不同学生的需求，而英语校本课程的开发可以弥补国家课程的不足。课程内容和学习要求都必须有相通性与层次感、必要性和选择性。在大学开设选修课是新课改的一个亮点，提倡国家、地方和学校三种类型课程相结合，增加选修课的比重，鼓励自主学习，提倡人文教育。新课程改革强调课程内容要与实际生活和现实社会相联系，力求将课程知识与学生的生活联系起来，与社会和科技的发展联系起来。课程内容不仅要包含学生必备的基础知识和基本技能，还要充分反映学生的学习兴趣和自身经验；不仅要有传统的经验性知识，还要有与时俱进的新的知识元素；不仅要有传承的知识成分，还要有必须创新的知识空间。

就目前而言，设置大学英语校本课程时应考虑有利于促进学生英语

专业学习的原则，有利于培养学生综合素养和能力的原则，有利于激发和保持学生学习英语兴趣的原则，有利于学校学科课程建设的原则，有利于服务地方的社会、经济和文化的原则。校本课程一般有固定模式、讲座模式、技能学习模式、活动型模式和自学型模式。开设的英语选修课教学的步骤：

第一，依据内容收集相关素材。讲授文化背景方面的知识，仅靠书本所提供的内容是远远不够的，一般都要组织学生从别的地方寻找，加以补充。这样授课的内容才显得丰富多彩，从而才能激发学习的兴趣。收集素材是一个长期的、点点滴滴积累的过程，所以任课教师要有这方面的意识，并付出一定的努力。

第二，依据学生的心理特征和学习需要选择必要的素材。前面提到的材料收集是“海选”的过程，得到的材料一定很多，但这些材料不一定都适合使用，必须依据教学对象情况及教学需求对素材作进一步的选择，使用最恰当的素材，使它更符合教学要求，尽量避免那些虽然与教学内容有联系但超出学生实际需要的素材。

第三，依据教学的需要进行教学设计。材料选定以后，即按教学步骤进行教学设计。设计的课件一定要与所教的内容相配合，形成一个统一体。设计的模式视实际情况而定，一般采用文字、图像、图文结合三种方式，有时也可以采用视频片段，但应当注意的是，课件内容要简繁得当，不要过于花哨。

第四，教学实施。①引入环节：用启发的形式引入上课主题，即用提出问题的方式或讲故事的方式进入讲课主题，不论采取何种形式，一般不要超过 5 分钟。②讲课环节：以教师为引领者，步步深入，环环相扣。但是不必每一个环节都讲得十分清楚，要给学生留有思考的空间，培养他们思考问题的意识和能力，如对一些隐性的、较深层次的东西，教师就应该为学生设疑，启发、引导学生去探索，这个环节一般为 20 分钟。③讨论环节：让学生就所讲授的内容以小组形式进行交流，互通有无，起到消化、理解和巩固所学东西的作用，这是一个拓展知识的途径，教师可以为学生设置讨论题目，也可以启发学生自己去寻找题目和知识，但无论哪一种形式，都需要教师的组织，以使活动有效进行。④总结环节：教师结合学生的讨论情况对教学作总结性的发言。

五、增加课外阅读，吸取文化养分

学习任何语言的前提都是广泛地阅读各类书籍和资料，我们的母语水平就是在阅读中逐步提高的。在交际环境缺乏的情况下，阅读为英语语言学习提供了有力的工具。阅读是一个主动、积极的思考过程，而不是被动地接收信息的过程，在此阶段需要学习者将生活的体验与主观能动性有机融合在一起，学习者在阅读之前需要根据人的记忆结构、语言符号特点等，用自己所学的知识、经验等弥补文章的信息空白，通过创造性的思维，进而通过文字符号的含义，来促进信息的传播。阅读能够拓宽学生的视野，增加其词汇量，并且锻炼其良好的语感，在此基础上，更好地激发学生学习的兴趣。跨文化背景知识牵扯的范围比较广泛，教师无法在课堂上阐述文化背景知识，因此鼓励学生课外阅读是一个非常有效的弥补办法。

要多渠道拓展素材，借助范围广、生动鲜活、与时俱进的书籍、网络、电视、报纸、杂志等。

在书籍方面，近年来很多外国人写作时会涉及中国的历史和文化，他们更重视多方收集证据，多方佐证，因此让我们对中国文化有耳目一新的感觉。比尔波特在创作《空谷幽兰》的过程中曾孤身一人进入深山老林，踏上寻找中国隐士的道路；林西莉的《汉字王国》选取200多个与人的生活息息相关的基本汉字，对每一个汉字细细讲解，使那些我们因为熟悉而忽略的字重新焕发生机，变得生动起来。马修波利的《少林很忙》是他只身来河南少林寺学艺的经历，他用诙谐的语言描写了艰苦的日常修行和无处不在的文化碰撞；迈克尔麦尔的《再会，老北京》真实地记录了他的胡同生活，他碰到的胡同里的人和胡同的变迁；彼得海斯勒的《江城》描写的是他工作的重庆小城涪陵的人与事。这些书都是来自英语国家的人用英语写的关于中国的书，从第三者的视角来描述我们熟识的人与事，使我们重新审视自己的国家和文化。他们的语言也是通俗易懂的，适合高中以上的英语学习者阅读，也有相应的中文版本可以参考。

在网络方面，可以登录宣传中国传统文化的官方网站——中国文化网。该网站提供了较权威的中国传统文化的英语表达，同时其中有很多与网民互动的活动，每天都会看到最新的具有中国特色的词汇。网络上提供了丰富、全面的英语教育资源，学生可以找到趣味性强、知识性强和时事性强的阅读材料。教师在教学的过程中可以有意无意地强化学生从包括网站等各种资源中获取知识和信息的能力。教师也可以先提供一个主题，然后对学生从各个信息源收集到的材料进行汇总和归纳，对学生的自我探索予以鼓励。久而久之，自主的学习就开始成为一种习惯。网络空间中蕴藏着丰富的英语资源，这为学生学习打下了坚实的基础。

在电视方面，如 CCTV－9 和 CCTV－10 的“Travelogue”“Culture Express”“希望英语”都是不错的选择。

在报纸、杂志方面，《21 世纪报》是中国内地比较权威、英文资源比较丰富的英语时事周报，主要特色是用以报道文化背景、文化内容和发展方向等；《英语世界》杂志有“小百科”之誉，选材比较典型，能够全面地提高英语学习者的综合素质，在此过程中还可以了解时代新的元素。还有中文的《旅游》《旅游纵览》《旅游天地》等，上面都带有实景图，并对国内外的风俗民情等进行了对比和分析。

综上所述，在大学英语课堂强化中国文化教学，要保证长期性、系统性，要形成强化中国文化教学常态，让中国文化教学成为大学英语教学的一部分。根据现有教材编排系统的中国文化教学材料，尽可能给学生创造跨文化交际的真实场景，充分利用现代化教学设备，营造生动活泼的课堂气氛，发挥学生的热情和主动性，提高英语水平，培养跨文化交际能力。

第五章　中国文化在英语专业教学中的融合与渗透

第一节　中国文化与英语词汇语法教学的融合与渗透

一、中国文化与英语词汇教学的融合与渗透

词汇是构成语言整体的重要细胞，是语言系统赖以存在的支柱。英语学习关键在于词汇学习。词汇受文化的影响十分显著，同一词汇在不同的语言中可能有着不同的含义，这就给学生的词汇学习和教师的词汇教学的顺利进行带来了一定的影响。为了使学生确实掌握词汇知识，准确运用词汇进行跨文化交际，并能有效掌握和传播中国传统文化，就要将中国传统文化与高校英语词汇教学相融合。

（一）高校英语词汇教学的内容

英语词汇课堂教学的内容常常根据词汇本身所涉及的内容而定。认识一个单词意味着对其意义、用法、相关信息、语法的了解和掌握。所以，英语词汇课堂教学的内容也基本包含以下四个方面。

1. 词汇的意义

词汇的意义是英语词汇教学中教师首先要让学生掌握的内容。但因为汉语与英语存在差异，一些词汇的内涵与外延在两种语言中也不尽相同。词汇意义的理解与语境有着密切关系，语境不同，词汇的含义也会有所差异。所以，教师应采用不同的教学方式让学生了解不同语境下词汇的不同含义，从而让学生有效掌握词汇。

2. 词汇的用法

在英语词汇教学中，教师除了要让学生了解词汇的意义，还要让学生掌握词汇的用法，也就是掌握词汇的搭配、短语、习语、风格等。例如，我们通常都会用 hot 形容热，这是在书面语中的用法，在口语中会有不一样的意思，如我们说“That is a hot guy.”，在这里 hot 是形容一个人身材或是长相很吸引人。

其中，词汇搭配在英语学习中十分重要，因此也是英语词汇课堂教学的重要内容。在具体的语境中，一个词往往要和某些特定的词汇搭配。例如，allow、permit、consider、suggest 等这类动词后不能接不定式，只能接动名词。此外，有些词组是固定搭配，不能混用。

3. 词汇的信息

词汇的信息也是英语词汇教学的重要内容，具体包括词性、词缀、词的拼写和发音等，此外构词法也属于词汇信息的范畴。

4. 词汇的语法特点

词汇的语法特点又称“词法”，主要包括名词的可数与不可数、动词的及物与不及物、及物动词的句法结构等，它们也是英语词汇课堂教学的重要内容。具体来讲，词汇的语法就是要解决诸如动词接什么样的宾语，是接不定式还是动名词，是从句还是复合宾语，如何安排副词短语的位置等问题。

(二) 高校英语词汇教学的原则

为了更加有效地组织词汇教学活动，促进词汇教学的进步，提高学生的词汇能力，教师在教学中应遵循以下几项科学原则。

1. 目标分类原则

高校英语词汇教学要遵循目标分类原则，即根据学生的学习特点、具体需求等来确定词汇学习目标。具体而言，高校英语词汇的学习目标可以分为三类，即过目词汇、识别词汇和运用词汇。过目词汇指的是在表达过程中起配合作用的词汇。在学习过程中，学生只需要大体了解这类词汇即可。识别词汇指的是能够帮助语境理解的词汇，学生在阅读过程中可以通过上下文等手段了解其含义。针对这种词汇，学生只需要了解其语义即可，不需要掌握词汇的属性与用法。运用词汇是学生词汇学习的重点，使用频率较高。但是，不同的专业、不同的行业其语言使用的侧重点不同，因此运用词汇也会有所差异。高校英语教学并不要求学生掌握所有的词汇，这样不仅不现实，也没有效率。教师应根据词汇教学的目的，让学生有选择性地学习词汇。

2．循序渐进原则

循序渐进原则是任何教学都应遵循的一项原则，高校英语词汇教学也应如此。这一原则是指词汇教学应该在数量和质量平衡的基础上对所教内容逐层加深。在循序渐进原则的指引下，英语词汇教学不应单纯地追求词汇掌握的数量，还应该重视词汇掌握的质量。英语词汇教学应该做到在增长学生词汇数量的基础上，提升词汇使用的熟练程度。在词汇学习中，质和量是分不开的，词汇越多，词汇之间的联系性与系统性就越强，学生进行词汇巩固的自然度就越高。逐层加深指的是在词汇教学中不可能一次性教授词汇的所有语义，学生也不可能一次性掌握全部知识点，词汇的教学与学习应该由浅入深地进行。

由此可见，词汇教学要避免急于求成。教师要引导学生切实掌握每一单词的意义和用法，并且由浅入深不断推进，以提升学生的学习效率和教学效果。

3．兴趣激发原则

兴趣在英语学习中发挥着巨大的作用，这一点是不可否认的。在高校英语词汇学习中，兴趣同样发挥着重要的作用。如果学生对英语词汇学习有兴趣，那么学生就会有持续的动力，词汇学习就会一直坚持下去，而且学生会带着强烈的欲望去练习英语，寻找一切机会提高自己的词汇水平，在不知不觉中，学生的词汇能力就会有所提高。反之，如果学生对词汇学习失去兴趣，那么学生将没有学习的动力，学习效果也会不佳。因此，在英语词汇课堂教学中，教师应有意识地激发学生的学习兴趣，通过设置多样的教学活动调动学生的好奇心，进而培养学生的词汇能力。

4. 词汇呈现原则

在教授学生英语词汇知识时，教师首先要向学生呈现词汇，这是词汇教学的首要步骤。词汇呈现能够使学生对词汇产生第一印象，在很大程度上影响着学生词汇学习的兴趣，因此教师在词汇教学中应遵循词汇呈现原则，坚持呈现的情境性、趣味性和直观性。呈现的情境性是指在词汇呈现过程中将词汇置于一定的情境中，让学生在不同的情境中了解词汇的意义。呈现的趣味性是指在词汇呈现过程中采用不同的方式，以激发学生学习的兴趣。呈现的直观性是指在呈现词汇时借用实物、道具等展示具体词汇。词汇呈现对后续词汇教学有着较大的影响，教师可以从具体的学生情况、教学条件等角度出发丰富词汇的呈现方式。

5. 回顾拓展原则

遗忘是学生在词汇学习中遇到的普遍问题，而且学生每天都在学习新的词汇，如果不对已经学过的词汇进行复习和巩固，就更容易遗忘学过的词汇，因此在词汇教学中教师要遵循回顾拓展原则，即将新旧词汇相结合，利用已教授过的词汇来教授新的词汇，这样既能让学生巩固已学过的词汇，又能有效拓展新的词汇。需要注意的是，词汇知识的回顾是为词汇拓展服务的。教师需要拓宽学生的词汇接触面，增强学生对词汇的理解程度，在原有词汇基础上提升学生的语言运用能力。

6. 联系文化原则

词汇学习的最终目的是运用词汇知识进行跨文化交际，而且词汇与文化关系密切，所以高校英语词汇教学的开展需要遵循联系文化原则。在词汇教学过程中，在词义、结构方面都应该和语言背后的文化相联系。对于语言文化的理解有助于加深学生对词汇的理解，并使学生能够掌握词汇演变的规律，更加全面、有效地使用词汇。英语词汇教学的展开要充分考虑文化因素，这样才能使学生对词汇有更加深刻的认识，也才能更加有效地使用词汇。

7. 词汇运用原则

学习词汇是为了运用词汇，所以在高校英语词汇教学中，教师要遵循词汇运用原则，在向学生传授词汇知识的同时，注重学生对词汇的使用，即从语境和语言运用的角度让学生理解词汇的具体用法。具体而言，词汇运用原则要求教师在教学中做到以下几点：首先，词汇运用活动的设计应该符合学生的特点；其次，在词汇教学过程中应该培养学生的词汇联想能力；最后，在词汇教学过程中要注意词汇练习，保证练习的质量，切实有效地提升词汇运用效果。

（三）高校英语词汇教学渗透中国传统文化的途径

1. 课外词汇积累

语言教学和文化教学大多是以课程教学为主要途径，而课堂教学都是提前设计并组织好的。但是语言教学和文化教学牵扯的内容比较广泛，这个过程需要长期的实践和应用，并不是一下子就能够成功的，而且还需要教师和学生不懈的努力，再者课堂学习的时间和空间有限，教学结构比较单一，所以学生掌握知识的难度较大。因此，课堂教学需要有课外教师的补充和完善。不少教师认为课堂教学无法真正地满足学生的要求，所以需要第二课堂、自主学习同步进行。站在理论的角度分析来看，这种想法是切实可行的。只有适度地增加课外教学活动，才能够达到事半功倍的效果。

词汇在语言中占据着重要的地位，而且是文化载荷量最大的成分。最近几年，考试中出现了较多的文化类的谚语，文化考查对此比较关注。根据文化语言学，词汇文化可分为五类：一是在另一种语言中没有出现相似的词汇，如中国的春节；二是能够体会社会历史背景的词汇，如对松树精神的理解；三是成语和俗语，是包含社会历史文化内涵最丰富的词汇；四是谚语和警句，包含某些道理；五是礼仪性客套话。

在此基础上，教师对词汇采取三项基本措施。一是对中国文化的英文单词进行归纳和整理。将课文中提及的中国文化词汇进行补充，从而增强学生语言表达的能力。将专用教材作为范本，让学生整理出中国饮食中主食、小吃、二十四节气和工具；传统节日中涉及的主要习俗，如春联、剪纸、红包、守岁、猜灯谜等。二是定期在墙报中展示单词及其故事。根据对中西方文化词汇的阐述，在对比的基础上，以不同的形式来展现。每周一期，两个人分工合作，通过网络让学生比较出中西方动物存在的差异：龙与狗，老鼠与猫，蝙蝠、孔雀与凤等，中西方趣味成语、谚语系列。通过讲述故事，讲述中西方文化中的共核。目前城市里的标志、标语、景点介绍甚至菜单中都出现了英语，也可以动员学生收集一下，然后在课堂上进行讨论或者点评。三是每天在英语角中完成成语英译。整理与中国成语相似的英语谚语，根据用词的区别分析中西方文化的差异，让学生感受到中国文化的趣味性。

2. 感受和体验式教学

感受和体验式教学方法是一系列特别设计的教学活动。它为课堂成为语言和文化交流场所提供真实场景，在这样的语言环境中学生会有一种身临其境的感觉，这样他们的学习兴趣会得到最大限度的激发。其中角色扮演这种活动会让学生把自己置于真实的文化场景中，这种活动对中国文化学习同样适用，在掌握了文化知识后，学生在真实的场景中会准确应用在他们所交流的对象上。

3. 发现式教学

中国文化博大精深，简单的课堂教授是远远不够的，因此教师应该鼓励和引导学生去发现中国文化的魅力，鼓励他们大胆用英文表达具有中国传统文化的内容。在发现式教学方式中，教师一方面可以给学生提供一些真实的文化案例，要求学生总结并发现它们的内在价值、信仰或文化；另一方面，教师可以引导学生在真实的文化环境中发现问题，鼓励他们用英文表述出来。

4. 合作式教学

教师在课堂中通过合作的方式开展教学活动时应该成为学生的搭档。这在中国文化教学中尤其适用。在中国文化方面，学生可以展示他们的优势，教师可以在教授的同时，跟学生一起享受共同学习和探讨的过程。这样会使课堂气氛更加温馨、活跃，学生也将从中受益匪浅。

总体而言，高校师生在词汇教和学中缺乏中国文化意识，针对这一现象，应在教学中融入中国文化。中国文化意识的提高应贯穿于整个词汇教学过程。

二、中国文化与英语语法教学的融合与渗透

语法是语言使用规律的综合，以语法为媒介，词汇可组成短语、短句、简单句、复合句等多种表达方式。语言的学习时刻都受语法规则的影响和支配，语法学习贯穿语言学习的始终。但因中西方文化背景等的差异性，在语言组织、语言使用过程中也有各自的特点，其语言形成的语法规律也不尽相同，了解英汉语法的差异以及中国传统文化，可以使语法学习更加有效。因此，教师在开展英语语法教学时，应渗透中国传统文化，提高学生运用语法知识进行跨文化交际的能力。

(一) 高校英语语法教学的内容

与英语其他方面的教学相比，语法教学中的知识点比较零散，归纳起来主要包括词法、句法、章法和功能。

1. 词法和句法

初级阶段的语法教学内容包括词法和句法两部分。

词法可以进一步分为构词法和词类。构词法讨论不同的词缀、词的转化、派生、合成等内容，词类可以进一步分为静态词和动态词。当然，静态词并不是绝对不变的。例如，形容词有比较级和最高级的变化，名词有格、数、性等的变化。动态词主要包括动词以及直接与动词相关的语态、时态、分词、动名词、不定式、情态动词、助动词、虚拟语气、不定式等。

句法可以分为三大部分，即句子成分、句子分类、标点符号。句子成分是指单词、词组或短语在句子中所起的作用或功能，主要包括以下八大类：主语、谓语、宾语、表语、定语、状语、同位语、独立成分。依据不同的分类标准，可以将句子分为不同的类型。按句子的目的可以分为陈述句、疑问句、祈使句、感叹句；按句子的结构可以分为简单句、复合句和并列句。主句、从句、省略句等也是与句子有关的内容。

句法学习的内容还包括标点符号。此外，词组的分类、功能、不规则动词等也属于句法的学习内容。

2．章法

章法是语法教学在高级阶段的主要教学内容。学生在学习了一段时间的词法和句法之后，已经掌握一定的语法基础，此后就要进行章法的学习。章法的教学内容主要涉及句子之间的逻辑关系、篇章的结构逻辑等。

英语语法的内容十分繁杂，常会使学生顾此失彼，这也是学生在语法学习和使用中最困难的地方。因此语法教学应该有一个核心。语法教学的核心是整个语法知识和技巧发展的基点。

3．功能

功能指的是语法的运用，也是英语语法教学的重要内容。语法项目，无论单词、短语还是句子，都具有一定的表意功能。不同的句式所具有的表意功能不同，同一种句子也可以具有多种表意功能。语法的功能还表现在句子所传达的言外之意上。

语法体系不仅涉及不同的词法、句法结构等知识性内容，也涉及功能用法，涵盖内容十分广泛。在具体的英语语法教学中，教师应根据教学目标和学生的具体情况，循序渐进地向学生传授语法内容。

（二）高校英语语法教学的原则

在高校英语语法教学中，教师应遵循以下几个基本原则，来培养学生的语法能力，保证语法教学效率。

1．以学生为中心原则

在教学不断发展的同时，学习观也在不断发生变化，学习不再被看成单纯地接收信息的过程，而是学生共同参与的过程。培养学生的英语综合应用能力是英语教学的主要目的。因此，英语语法教学应从“提供知识”向“展开活动”转变，鼓励学生积极参与，让学生在参与、实践和体验中共同建构语法知识，提高语言能力。换句话说，在高校英语语法教学中，教师应以学生为中心，充分发挥学生的积极性，鼓励学生参加语言活动，尽量让语法规律的发现、学习和掌握由学生自己去完成，从而培养学生的语法学习兴趣。

2. 真实性原则

高校英语语法教学还要遵循真实性原则，这一原则与交际原则是相辅相成的。语言学习的目的是交际，而现实中的交际都是真实的，所以，语法教学要具有真实性，这样学生在言语活动中感受语法时，语法不再只是一些抽象的规则，而是活生生的交际生活中必不可少的组成部分。学生在这种真实性教学中能提高有效学习的兴趣，而且能了解语言运用的语境，从而有效提高学习效率。

3. 循序渐进原则

人们对事物的认知往往都要经历一个由浅入深、由简单到复杂的变化巩固过程，不可能一次完成。语法学习也要经历这一过程，这样才能更加牢固地掌握语法知识。根据这一规律，教师在教学中就要遵循循序渐进原则，即遵循由表及里、由一般到特殊的原则开展教学。此外，教师在教授语法点时要不断循环往复，这种循环往复并不是简单的重复，而是根据具体情况有变化的重复，以使学生在“认识—理解—掌握—运用”的过程中掌握语法。

4. 系统性原则

英语语法教学中存在的一个普遍问题就是系统性不强，对一些相近的概念解释不清。语法是关于语言知识的系统描写，如果学生所掌握的语法知识不够系统，则不利于他们语法知识的理解和记忆，也不利于他们对语言的灵活运用。因此，在高校英语语法教学中，教师应遵循系统性原则，引导学生及时总结和归纳语法知识，使其更加系统。学生只有了解语法之间的关系，才能触类旁通，在头脑中形成完整的语法体系和图式。具体来讲，教师要突出阶段性和系统性，一段时间的教学之后，教师就应全面系统地归纳语法知识，帮学生建立结构完整的语言体系。而且教师应注意新旧知识之间、新输入与原有经验之间的关系。教师在语法教学中应适时地归纳已学知识，让学生的新旧知识之间建立起联系，以已有知识作为新知识的“生长点”，去引导学生建构新的知识，进而不断丰富学生的语法知识，培养学生的语法能力。

5. 交际原则

学习语法知识不仅是要了解和掌握这些知识，而且是要将这些知识应用于交际。有学者指出，在语法教学中，了解语法概念固然重要，但是只读语法书并不能真正了解语法概念，还必须不断地实践才能清楚语法概念。所以，学习语法并不是机械死板地背一些语法的条条框框，还应在实践中不断运用所学的语法知识。因此，在英语语法课堂教学中，教师应变传统的语法知识体系为语法应用体系，将语法学习与语法应用结合起来，培养学生的语言运用能力和交际能力。

6. 精讲多练原则

高校英语语法教学应遵循精讲多练原则。英语语法规则本身就比较烦琐，所以，在教学中讲解语法规则时应避免赘述，力求所讲之处一语中的，切中要害，并充分利用教具，通过一些形象、直观的方式讲解，从而使学生从“懂语法”到“会语法”。在精讲之后，通常还要进行大量的练习，并且练习的方式应确保丰富、多样，如采取英汉互译、改错以及应用性写作等。此外，在举例时，应与学生的现实生活和工作贴近，确保例子具有鲜明的时代特点，尽量避免列举一些陈旧的例子，并且所选择的例子应尽可能有利于激发学生的积极性，促使学生主动参与教学活动。

7. 情景性原则

在高校英语语法教学中遵循情景性原则，其目的是培养学生运用语法的能力。具体而言，教师在教学中应多注意收集学生感兴趣的话题，并将它们设计成相应的情景，通过生动活泼的语言呈现给学生。教师还可以将时事、新闻等进行编排，为学生练习语法提供生动真实的材料，从而让学生接触真实的情景，使其在真实的情景中锻炼语法能力。

8. 文化关联原则

文化与语言的紧密关系是众所周知的，所以，文化与语法之间有着密切的关系。在高校英语语法教学中，教师应注意文化因素对学生学习的影响，并有意识地结合西方文化，将英语还原至当时的语境中，以便帮助学生理解和记忆语法知识。总之，在英语语法课堂教学中遵循文化关联原则，有助于加深学生对语法的认识，提高学生的语法运用能力。

（三）高校英语语法教学渗透中国传统文化的途径

在高校英语语法教学中，教师不仅要教授英语语法知识，还要渗透中国传统文化，这样才能激发学生的兴趣，丰富学生的文化知识，提高学生的语法能力。具体而言，教师可以采用以下几种途径来渗透中国传统文化知识。

1. 分析英汉语法差异，结合文化对比

因生活环境、历史文化、思维方式的不同，不同文化背景下的人们在组织语言时会有其独特的习惯。就语言中的语法而言，语法中的句子结构因受文化因素的影响也会出现很大差异。

语法是语言交流的基础，没有语法就无法说出正确的句子，也就无法表达意图；只懂语法而对文化一无所知同样会造成语言交流的障碍，二者之间是一种相辅相成的关系。语法学习可以提高语法运用能力，进而可以有效地传播文化内涵。

如果不了解英汉语言在结构上的差异，就很可能按照汉语思维来表达英语句子，进而会出现很多的语法问题。

因文化背景的不同，英汉语言中的语法存在很大差异，这些差异影响着学生对语法的理解和使用。因此，在大学英语词汇教学中，教师不仅要讲授语法知识，还要将语法与文化相结合，切实提高学生的语法知识水平和运用语法知识进行跨文化交际的能力。

2. 开展文化实践活动

文化实践是语法教学的一个重要部分，教师应该多组织学生参观当地博物馆、展览会，也可以进行实地的访问或调查。学生身处实际的文化环境当中进行语言运用，并且根据教师的提示，自主观察、研究和总结文化知识，这种直接的感知教学，可以让学生自己提炼学习重点，能够将教授的知识深刻地印入学生脑海并且促使其熟练、正确地掌握和使用。对一些没有实际经验，缺乏感性、理性认识结合的学生而言，文化实践是将书本和实际结合的重要途径。

总体而言，分析英汉语法差异，开展丰富多样的实践活动，可以有

效激发学生学习的积极性，促使学生更加深入地了解和掌握中国语法知识，进而更好地帮助学习和运用英语语法知识。

第二节　中国文化与英语听说教学的融合与渗透

一、中国文化与英语听力教学的融合与渗透

听是人们进行交际的重要方式，也是语言学习的重要内容。在英语的听、说、读、写四项基本技能中，听的作用和地位至关重要，是其他几项技能提高的基础和保障。所以，听力教学一直都是高校英语教学的重要组成部分，但学生的听力水平普遍不高，这不仅与学生的学习能力不强、教学环境欠佳有关，也与学生的积极性不高有关，因此为了激发学生的学习积极性，教师可以在听力教学中融入中国传统文化，这样可以有效激发学生的学习兴趣，同时还能丰富学生的汉语文化知识。

（一）高校英语听力教学的内容

教学内容是英语听力教学的基础，是学生学习的重点，也是教师开展教学的基础。高校英语听力教学的内容主要包含以下几个方面。

1. 听力知识

听力知识包括很多方面，如语音知识、语用知识、策略知识、文化知识等。

语音知识不仅是语音教学的内容，还是听力教学的内容。熟练掌握英语的发音、重读、连读、意群和语调等语音知识有助于提高学生的语音识别能力和对语音的反应能力。因此，教师在听力教学中还要加强对学生的语音训练，如对听音、意群、重读的训练等，以使学生熟悉英语的表达习惯、节奏，适应英语语流，从而为学生的听力奠定基础。

听力材料中常涉及一些有关言谈交际的话题，并且会话含义在交际中是一种普遍的现象，要理解这方面的听力材料，就需要借助相应的语用知识，因此语用知识也是英语听力教学的重要内容。

策略知识有助于学生根据听力材料和听力任务的不同选择合适的听

力策略，提高听的效果，所以听力策略也是听力教学的重要内容。

因缺乏相应的文化背景知识，学生的听力活动常会受阻，因此文化知识也应成为英语听力教学的重要内容。

2. 听力技能

听力技能是英语听力教学中十分重要的一项内容。具体来说，在听力教学中，教师要向学生传授以下听力技巧。

①辨音能力。在听力理解的过程中，学生需要具备基本的辨音能力。例如，辨别音位、语调、重读音节等。

②交际信息辨别能力。听力材料呈现出明显的交际性，因为听力材料大多是由交际性语言组成的，因此学生需要掌握基本的交际信息辨别能力，如话题起始语、话题转折语、话题终止语等。

③大意理解能力。这项听力技能的教学内容主要是要求学生能够及时抓住交际者的意图等。

④对细节的把控能力。听力活动不仅需要学生掌握主旨大意，也需要学生掌握足量的细节信息，这些细节信息是听力理解的基础。所以，对细节的把控能力也是学生应掌握的技能。

⑤推理判断能力。推理判断能力也是学生必备的技能之一，因为听力材料中的交际者是根据一定的目的进行交际的，学生需要依据推理判断能力去揣摩说话人的意图，进而保障听力活动的顺利进行。

⑥词义猜测能力。具备词义猜测能力是一个合格的听者的必要条件，常用的词义猜测方式有根据上下文判断、借助整体语境、搜寻已有信息等。

⑦预测能力。预测能力指的是根据一定的语境信息以及已有知识，来预测下文语言话题的发展与转向。

⑧记笔记的能力。听力活动具有时间短、不可重复的特点，而且学生的记忆能力是有限的，不可能在短时间内记住所有的内容，这就需要学生具备一定的快速记笔记的能力，以辅助记忆更好地完成听力任务。

3. 听力理解

听力理解也是高校英语听力教学的重要内容之一。培养学生的听力理解能力实际上就是培养学生对句子和语篇的理解能力，使学生的理解由“字面”到“隐含”，再到“应用”。听力理解是一个循序渐进的过程，必须经历四个环节，即辨认、转换、重组与再现、评价与应用，通过这一过程，学生的听力能力才能逐步提高。

①辨认。在听力理解中，辨认是其前提，同时也是听力活动发展的基础。语音辨认、信息辨认与意图辨认是辨认的主要内容。其中，语音辨认是最简单的，只要学生掌握一定的英语知识即可，最困难的为意图辨认，不仅需要听者以语音、信息辨认为前提，还需要积极发挥自己的交际能力和文化能力。进行辨认能力训练，教师可以采用乱序训练法，即将一个完整的听力材料打乱顺序，要求学生进行重新排列，并指出每一部分所对应的辨认方面。

②转换。听力理解中的转换指的是将所听材料中的内容转换为图表的能力。这种转换不仅需要听者辨别听力材料中的短句与句型，同时需要分析已知信息进行适当转换，是对听者能力的考验，也是听力理解的第二个层次。

③重组与再现。听力理解的第三个层次是重组与再现，这需要教师对学生的口、笔能力进行提高。

④评价与应用。对听力语言进行评价、应用是听力理解的最后层次，也是难度最大的。听力理解具有目的性、交际性，需要听者明确交际意图，并进行语言回应与沟通。因此，在听力教学过程中，教师需要锻炼学生在不同的听力理解层次进行灵活的听力行为应对。此外，为了提高学生的评价与应用能力，教师可以在教学中增加听力讨论与交际的练习。

4. 语感

英语语言学习讲究良好的语感，也就是对英语的直接感知能力。良好的语感有助于学生即使在语法有所欠缺的条件下依然能够快速而正确地作出判断，所以高校英语听力教学也应有意识地培养学生的语感。

（二）高校英语听力教学的原则

高校英语听力教学的开展应遵循一定的原则，这样才能使教学效果更加有效。具体而言，高校英语听力教学可遵循以下几项原则。

1. 循序渐进原则

任何学科的学习都不是一蹴而就的，都需要经过一个循序渐进的过程，英语听力学习也不例外。这里的循序渐进是指英语听力教学要由简到繁、由易到难地展开。这一原则在听力材料的选择上发挥着重要的作用。在选择听力材料时，要注意材料难度的阶梯性，应由简单逐步向复杂过渡。在听力教学初期，教师应选择那些吐字清晰、语速较慢的材料，同时兼顾材料的真实性和多样性，如可选择一些新闻、故事以及一些社会热点话题等，以培养学生的听力学习兴趣。当听力教学逐步加深之后，教师可根据实际情况增加材料的难度，以满足学生的求知欲望，提高学生的听力水平。

2. 激发兴趣原则

兴趣对于学习的重要性是不言而喻的，是确保学生听力学习高效进行的基础。不可否认的是，我国学生的听力水平普遍较低，这与听力教学枯燥乏味、学生缺乏学习兴趣有很大的关系。对此，在开展英语听力教学之前，教师应对学生的兴趣有所了解，即了解学生喜欢什么样的听力材料，喜欢什么样的听力活动等，并据此采用相应的教学方法来激发学生的学习兴趣，进而有效培养学生的听力能力。

3. 选材真实原则

英语听力课堂教学的目的不是让学生应付听力考试，而是培养学生的听力能力，使学生能够有效地进行跨文化交际，能够在真实的情境中运用语言，因此听力材料的选择要具有真实性。例如，教师可以选取一段完整的广播节目或者选取一段英语电影片段等让学生听，这种真实的听力材料能让学生接触和感受地道的英语表达，领悟英语语言与文化特点，培养英语语感，进而提高英语听力水平。此外，听力材料的选择应注意难度适宜，既不能太简单，也不能太难。如果听力材料过于简单，会使学生产生轻视心理，不利于学生听力水平的提高；如果所选择的材料过难，则会给学生带来心理负担。

4. 分析性和综合性相结合原则

分析性的听是指在听力进行时，使学生将注意力集中在对材料中的细节部分的理解和记忆上，在听的过程中注重细节分析，逐词逐句地将听到的内容进行分析，这是听力教学的基础训练。而综合性的听是指在听的过程中将重点放在对材料整体的把握上，也就是在听力基本训练基础上所进行的整体的听的练习。综合性的听主要是对材料内容有一个整体印象和理解，这种方法主要针对的是听力题中对材料主旨的理解、对整体思想的分析等。在听力训练中的听力题既包括材料的整体理解，又包括细节分析，对此在听力教学中教师应将分析性的听与综合性的听结合起来，以有效提高学生的细节分析能力和整体理解能力。

5. 分散训练和集中训练相结合原则

分散训练是指通过各种语言教学，即词汇教学、语法教学等，让学生不自觉地接受听力的专项训练。例如，在词汇教学中，学生应了解词汇的读音，掌握词汇的含义及用法，并能听懂词汇在具体应用中的句子。这种听力训练要求在具体教学中尽量多地使用地道的英语，这样可以使学生的听力得到潜移默化的训练。集中训练是在分散训练的基础上，每周专门抽出1～2课时进行大量的、有指导的强化训练，以帮助学生解决具体问题。集中训练可以有针对性地抽取听力难点进行训练，能有效减少学生在这些方面理解的偏差。分散训练和集中训练相结合的方式能有效提高学生的听力能力。

6. 与说、读、写相结合原则

听、说、读、写这四项基本技能是相辅相成、相互促进的关系。因此，在英语听力教学中，教师应将这四项基本技能结合起来进行教学。听与说不可分割，在交际过程中，一个人听的过程实际上就是另一个人说的过程，所以在教学中可以将听与说结合起来进行训练。例如，利用听力材料中的语言来完成口语任务，可以有效培养学生的口语交际能力；而朗读、模仿、使用和复述听力材料，可有效积累语言素材，还能培养良好的语感，有助于进一步提高记忆和听力理解能力。此外，根据所听材料进行角色扮演、展开情景对话等都是以说促听的有效方法。

将听与读结合起来进行教学，不仅能增强学生的语感，还有助于学生将单词的音、形、义三者统一起来，有效地减少判断失误，对于学生听力的培养有积极显著的促进作用。此外，经常采用边听边读的方式，还能加深对文章的理解，提高对语言的反应速度，不再习惯性地采用汉语的思维来理解英语。听与写相结合的最佳形式就是听写练习，如将对话改写成短文等。听与写结合不仅能促进学生语言能力的培养，还能提高学生的分析、理解和归纳能力，这对提高学生的语言敏感性和学生的听力水平十分有利。

（三）高校英语听力教学渗透中国传统文化的途径

在高校英语听力教学中，教师应积极融入中国文化，在丰富学生英语听力知识的同时深化学生对中国文化的了解，这样不仅能激发学生的学习兴趣，丰富学生的文化知识，也有利于学生听力水平的提高。

1. 在教材中融入中国文化

教材是听力教学的重要载体，也是开展听力教学的物质基础。因此，教师应积极在听力材料中融入中国文化，丰富听力教材的内容，提高听力材料的文化性。为此，听力材料的编写者应根据学生的汉语水平设置生活、工作、学习、社会文化等具有一定难度的交际话题。例如，教材编写者可以设置气候、交通、工业、法律、教育、婚姻等话题，加强学生对中国社会文化的了解。

2. 改进听力教学方法

在听力课中融入中国文化时，教师应积极改进听力教学方法，拓宽文化融入的途径。

具体来讲，教师可以采用语言传递的方式，口头为学生讲解中国文化。并且，教师可以采用直观感知的方式，为学生展示中国文化的相关图片、视频、实物等。另外，教师还可以采用引导探究的方式，鼓励学生对中国文化进行探索，要求学生搜集中国文化的相关资料，并对中国文化进行实地考察，让学生真正接触中国文化。

综上所述，在高校英语听力教学中，教师不仅要传授英语听力知识，也要讲解中国文化内容，这样不仅可以丰富学生的中国文化知识，还有利于学生更好地学习英语知识，提高学生的英语听力能力，使学生更好地进行跨文化交际，同时有效地传播中国璀璨的文化。

二、中国文化与英语口语教学的融合与渗透

口语是人类交流信息和表达思想的重要方式之一，也是学生学习的重要技能。随着社会对英语口语人才需求的加大，高校英语教学对口语教学越来越重视。但总体来看，我国大学生的英语口语水平一直较低，学了多年英语仍然不能流利地与他人进行交流，尤其是不能流利地传播中国文化。因此，为了提高我国学生的英语口语表达能力，高校英语口语教学应积极进行改革。教师在教学中应渗透中国传统文化，以激发学生的学习兴趣，提高学生的学习能力。

（一）高校英语口语教学的内容

可以毫不夸张地说，口语是人类社会使用最频繁的交际工具之一，这就使英语口语教学在整个英语教学体系中占据着十分重要的地位。培养、提高学生的英语口语表达能力与交际技能是英语口语教学的宗旨，因此语音训练、词汇和语法、会话技巧、交际策略等是英语口语教学的主要内容。

1. 语音训练

英语口语训练应以英语语音为前提，帮助学生掌握正确语音、语调是语音训练的首要目标，具体涉及意群、停顿、弱读、重读、连读、音节等。如果没有掌握规范的发音，不仅难以表达自己的观点，也会为对方带来理解障碍。

2. 词汇

语言能力的培养是交际能力培养中至关重要的一环，而词汇则是使交际得以进行的语言能力的核心。口语表达是一种创造性技能，在合乎交际礼仪的交流框架构建起来后，整个交流的空间就有赖于词语作为文化和思想的载体来填充。在英语教学中，许多学生对单词的所谓“掌握”只是一般性的识记中文释义和会拼写，却不能脱口而出地使用词语造出句子。也就是说，语言交际框架的最基础阶段和层次的问题没有得

到解决，这种情况下学生的口头表达能力也很难得到提高。

因此，学生口语能力差的最根本原因之一是词汇掌握程度差。从这个意义上说，口语教学的内容离不开词汇教学，并且词汇教学应该交际化。要实现词汇教学的交际化，口语教学需从语音，单词的音、形、义的练习以及词的搭配、造句入手，增加学生的积极词汇，这是提高学生口语能力的有效途径，也是提高学生口语能力的前提和关键。

3. 语法

语法是语言运用的基本法则，是词汇组成句子的重要规则，要想实现沟通的目的，必须构建出符合语法规则的句子，只有句子符合语法规则才可以被听者理解。所以，语法也是高校英语口语教学的重要内容。语法教学交际化包括以下几个方面。

①训练学生听懂特定的口语句型。

②训练学生熟练地使用语法句型表达自己的思想。

③向学生讲授口语句型的特点，并对此进行专项训练。

有的教师和学生把词汇教学、语法教学与口语教学对立起来，这是口语教学中的一个严重认识误区。事实上，词汇和语法都对学生的口语技能起着至关重要的作用。词汇是表达的基础，语法是表达的规范，离开词汇和语法英语口语也就无法表达。

4. 会话技巧

为了能够使用英语得体地进行语言交际活动，学生在学习英语口语时必须学习、掌握一些会话技巧。话语转换技巧对会话的成功起着至关重要的作用。对于本族语者而言，话语转换很容易，而且很自然就可学会，但是对于二语学生而言并非易事。无论第一语言的口语学习还是第二语言的口语学习，都必须学习关于交际的知识和互动的技能。

5. 交际策略

所谓交际策略，是指当某语言使用者在话语计划阶段，由于自身语言方面的不足而无法表达其想要表达的思想时所采取的策略。在交际过程中，为克服因语言能力不足而导致交际困难，交际者使用语言或非语言手段的能力即为交际策略能力。交际策略也是口语教学的重要内容。

口语交际活动往往不可预测，因此在交际过程中遇到尴尬局面是难免的，这就要求交际者具备一定的交际策略能力，以便在需要时借助交际策略来解决遇到的困难，促使交际的顺利进行。策略能力包括两个方面：一是发生困难时使对方理解自己讲话内容的能力，这一能力被称为“补偿能力”；二是在发生理解困难时获取意义的能力，这一能力被称为“协商能力”。

一般来说，补偿能力主要包括：①使用会话填补词。在交际过程中，有时交际者可能会一时想不出要使用的语言，这时可以适当用一些填补词，一边说一边思考，控制说话节奏，确保讲话连贯。②使用同义词或类别词。在交际过程中，如果交际者缺乏关于某一话题的词汇，可以采用自己熟悉的同义词来代替。③使用肢体语言。在交际过程中，交际者也可以适当借助肢体语言来表达自己的观点与看法，保证交际的顺利进行。协商能力包括澄清信号。在交际过程中，如果听话人没有完全理解讲话人的语言，或没能听清讲话人的意思，这时听话人可请求讲话人重复，或直接要求讲话人加以解释。通过运用这一交际策略，交际者可以将自己的意思清晰地传达出来，使交际渠道畅通，从而使交际顺利开展。

6. 文化知识

有效的交际不仅需要学生准确地表达语言，还需要学生得体地表达语言，所以学生除了要掌握扎实的语言知识外，还要具备一定的文化知识，只有这样学生在口语交际过程中才能使语言表达符合相应的文化氛围和语言环境。因此，文化知识也是高校英语口语教学中不可或缺的内容。

（二）高校英语口语教学的原则

高校英语口语教学的开展不仅要依据明确的教学内容和目标，还要根据学生的具体情况遵循相应的教学原则，这样才能使口语教学更加有效和有序地进行。具体来讲，高校英语口语教学可遵循以下几项原则。

1. 循序渐进原则

口语教学应遵循循序渐进原则，层层深入、由易到难、循序渐进地展开。例如，我国大学生通常来自全国各地，很多学生的英语口语表达都会或多或少受到方言的影响。对此，教师首先应仔细分析学生的语音特点与发音困难，进而为纠正学生发音提出建议，使学生按照由易到难的顺序，从语音、语调、句子、语段等层面逐渐提高口语水平。

2. 先听后说原则

听与说是一个问题的两个方面，二者之间是相辅相成的关系。在具体的口语交际过程中，只有首先听懂对方的话语，才能据此进行回应，使交际顺利进行下去。因此，口语教学要坚持先听后说的原则。具体来说，在口语教学过程中，学生通常先通过听来进行词汇量与语言信息的积累。当这种积累达到一定程度时，学生的表达欲望就会逐渐被调动起来，尝试着进行口语表达，进而实现真正意义上的口语交际。

3. 互动原则

口语练习是一件很枯燥的事情，长期的枯燥练习很容易使学生失去对英语学习的兴趣。因此，教师在口语教学中应坚持互动性原则，使口语训练充满互动性，使学生能够在互动练习中不断保持兴趣，逐渐提高口语表达技能。

“动”是互动性原则的核心。如果教师采取传统的口语教学模式，在课堂上仍以提问、回答为主要方法，那么学生对口语表达的参与是被动的，这会影响学生口语能力的提升。因此，教师为学生设计的话题应能够使学生之间进行有效的互动练习。

4. 课内外结合原则

课堂教学是学生学习口语的主要途径，但是课堂时间毕竟有限，因此，教师应当充分利用课下时间，将课堂教学与课外教学有机结合。以课堂教学为基础，同时，辅以相应的课外活动，既能让学生对课堂知识进行及时的复习与巩固，还可使他们充分利用课外活动的机会来对知识予以运用，加快从知识到技能的转化过程。此外，课外活动有课堂教学不具备的优点，如气氛轻松、学生压力小，教师也能更加及时地对学生进行指导。

5. 鼓励性原则

学生在英语学习尤其是口语练习中很容易出现焦虑情绪，此时教师应当多鼓励学生，对其多多表扬，树立其口语表达的自信心。著名学者纽南认为，鼓励学生并使他们大胆说英语是口语教学中一项很重要的原则，因此，教师应为学生创设更多有意义的语境。在这样的语境下，学生不会担心受到嘲笑，从而能更好地进行口语练习。针对一些口语基础较差的学生，教师可考虑采取“脚架式”教学方法，使教学策略与学生的状况相一致。

6. 生活化原则

教师在为学生设计口语课堂的任务时，应遵循生活化原则，使其尽量与学生的日常生活、学习相贴近，以此来更好地调动学生的积极性，使他们对话题不陌生、有兴趣，进而乐于开口、勇于开口。具体来说，教师可从三个方面入手：①应努力提高话题、主题的趣味性；②应对学生的愿望与实际需求进行深度挖掘；③应将教学内容与学生感兴趣的话题有机结合在一起。

7. 科学纠错原则

在口语学习过程中，学生难免会出现各种错误，有些教师一旦发现学生表达有误，就匆忙打断学生，这种有错必纠的方式是不科学的，不仅会打乱学生的思路，还会挫伤学生的自信心，使学生失去说的勇气。教师应采用科学的纠错方式，即在学生说完之后，对学生的不同错误根据不同的性质和场合分别处理，这样一方面可以让学生认识到自己的错误并加以改正，另一方面还能避免挫伤学生的积极性。

（三）高校英语口语教学渗透中国传统文化的途径

很多学者从文化背景这个角度出发去研究高校英语口语教学，但大多数只将关注点放在目的语文化在高校英语口语教学中的渗透上，有关母语文化对英语口语教学影响的研究，尤其是行动研究少之又少。母语文化意识在运用得当的前提下，不仅不会成为外语学习的障碍，而且能够帮助学生过滤、鉴别外界摄入的信息，自如地使用目标语来解决问题，进而达到提高口语水平的目的。具体可以通过以下途径在高校英语教学中渗透中国传统文化。

1. 创设与中国文化相关口语交际的场景，为学生搭建口语表达的实践平台

高校英语教材上有关口语教学的内容大部分都取材于西方文化，与学生的实际生活相差甚远，教师要结合学生的实际生活，在口语课上加入一些中国文化的因素，为学生设计与其实际生活密切相关的场景，促进学生用英语表达自己熟悉的事物。这样学生才会无所顾忌地开口讲英语，在轻松愉快的氛围中感受英语语言知识的真正意义。学生只有愿意说英语，才能说好英语。

2. 向学生补充有关中国文化的词汇或句子

在课堂教学中，适当补充与中国文化相关的英文表达，引导学生用目标语去谈论他们的母语文化。教师可以有意识地拓宽他们的视野，在面对课本上出现的语言点时，不要一味地讲，而是想方设法为语言点创设相关的中国文化情境。学生在日常生活中能时刻想起所学的英语知识点，激发学生英语口语学习的积极性。

3. 进行文化对比

采用文化对比就是在高校英语口语教学中将其他国家的语言文化与中国文化进行对比，让学生对两种文化系统下的行为规约、文化规约进行理解和掌握。需要注意的是，不能仅仅局限于对比表层的形式，而应该挖掘出深层的内涵，即不仅要进行语言对比，还要进行非语言对比。

4. 完善测试内容，在口语测试中适当加入中国文化的知识

在各种英语测试中增加有关中国文化的题目，可以有效激发教师在英语教学中传授以及学生在英语学习中学习中国传统文化的动力，强化我国的素质教育。在英语测试中，教师可以加入一些与我国传统节日相关的阅读理解，或者在考试中让学生就中国文化中的某些礼仪去写一篇

作文。也可以在日常口语小测试中，让学生用英语去表达自己所熟悉的一些中国传统文化知识，如让学生结合自己的实际生活来表达自己和家人是如何度过中国传统节日春节的。

第三节　中国文化与英语阅读教学的融合与渗透

经济的全球化促使不同文化下的人们进行着频繁的交流，进而逐步实现文化的全球化。英语阅读属于跨文化交际的一种非常重要的形式，因而从中国传统文化视角对高校英语阅读教学进行探讨就有着很强的实践意义。同时，培养大学生的跨文化意识和能力不仅是时代的迫切需要，而且能很好地顺应经济发展对人才素质的要求。

一、高校英语阅读教学的内容

培养、提高学生的各种阅读技能是英语阅读教学的主要内容，具体涉及以下一些技能。

①能够辨认单词。

②能够猜测陌生词汇、短语的含义。

③具备跳读技巧。

④能够理解句子内部与句子之间的关系。

⑤对文章的主要信息或观点能进行准确梳理与把握。

⑥能够对句子及言语的交际意义进行理解。

⑦能够对文章的主要信息进行总结概括。

⑧能够对语篇的指示词语进行辨认。

⑨能够对文中的信息进行图表化理解与处理。

⑩能够理解衔接词进而理解文字各部分之间的意义关系。

⑪能够把握细节与主题。

⑫具备基本的推理技巧。

当代高校英语阅读教学主要包含以下内容。

（一）背景图式

背景图式是指文章内容所涉及的人物、背景、话题等，这些信息会对学生的阅读产生影响，因此在当代高校英语阅读教学中，背景图式的训练是极其重要的。

例如，对 Vienna is the centre of European classical music 进行阅读教学之前，需要让学生对多瑙河、维也纳、现代音乐、古典音乐等有一个基本的了解，如果之前学生对这些信息并不了解，那么他们只能从字面意义上来理解整个文章信息，也就不能深层次地探究其所蕴含的文化意义。

了解这些信息并不单单依靠教师这一途径，还需要学生利用网络资料对相关信息进行检索，并同其他学生进行分享，这样不仅有利于学生自身的发展，还能调动学生阅读学习的积极性和主动性，激发学习兴趣，促进自身良好阅读效果的实现。

（二）辨识单词

单词是语言的基本构成成分，是组句成篇的基础，学生要想读懂一篇文章，首先要能辨识出这些单词。然而，由于英语单词有曲折变化，名词有单复数之分，动词有时态区分，形容词还有级别的不同，这些语法现象在词形上都有直观的体现，经常会影响学生对单词的辨识程度。因此，在高校英语阅读教学中，教师应该提高学生对单词的辨识能力，尽可能减少阅读障碍。

（三）猜测词义

在阅读过程中，学生难免会遇到一些生词，这时候只靠查字典是不行的，因为查阅词典会影响学生对文章的理解。这时教师应该教授学生根据上下文语境来猜测词义，从而克服阅读障碍，提高自己的阅读速度。

（四）理清文章的逻辑关系

每一篇英文文章都具有一定的逻辑关系，这种逻辑关系不仅保证了语篇的连贯程度，更表达了作者对每部分内容的观点态度，因此识别衔接词，理解逻辑关系十分重要。在教授这部分内容时，教师可以对这些衔接词加以总结，一起呈现给学生。

（五）理解句子的交际意义

要想对一篇文章有一个正确的理解，弄清句子也是必要的。要想做到这一点，仅仅依靠字面意义是不够的，有时候字面意义也是错误的，需要理解句子的交际意义，探究和分析出句子所要陈述的实际意图。

（六）辨识指示代词

指示代词的使用能够将一些结构上看起来相互独立的句子连接起来，从而产生逻辑、连贯的语义。对这些指示代词的理解同样是阅读理解的关键。因此，在阅读教学中，教师要教会学生如何利用指示代词来理清文章的逻辑、层次，否则学生很可能无法理解文章，甚至误解文章。

（七）把握语篇主要信息与观点

文章的主要信息和观点是文章的主题，是写作者所要展现的整篇文章的灵魂和重点。因此，要想理解一篇文章，理解其主旨思想是必须的。如果对主旨思想、主要信息的理解出现偏差，那么就会导致对整篇文章的误解。由此可见，在高校英语阅读教学中，教师还需要引导学生把握主旨，明确作者的写作意图。

（八）从细节、推展中理解主题

在一篇合格的文章中，每个细节、每段论述都必然是围绕主题开展的，没有一丝一毫背离主题的信息。因此，学生在阅读文章时，教师要引导学生注意每一个细节，要善于以小见大，另外还要注意整篇文章的推展过程，分析文章是怎样一步一步突出主题的，这对学生深刻理解主题有很大的帮助，因此也是英语阅读教学的一项重要内容。

（九）信息图表化

阅读材料中包含很多复杂的信息，但有时也包含一定的归属类别，或者彼此之间存在着某些关系，如果不对这些归属类别或关系梳理清晰，那么就很容易在阅读中遗忘。因此，在高校英语阅读教学中，教师应该引导学生将材料中的同类信息进行归纳，形成一个图表；或者用箭头、线条的形式将相关信息加以串联，表明关系，形成一个信息图。这些对学生理清思路、获取重点信息十分有利。

（十）培养推理技巧

很多时候学生所需的信息并不能从文章的字面意思上看出，此时就需要进行推理判断。需要注意的是，推理判断不能脱离原文主观臆断，而必须以原文为基础，从文章提供的各个信息出发，对文章进行逐层分析，最后准确推断出想要获得的信息。这样的推理判断才是真实的、可靠的。

（十一）培养阅读技巧

阅读技巧是影响学生阅读速度的一个重要因素。而且阅读技巧常常与阅读目的相关，如果阅读目的是对文章大意的了解，那么学生就可以采用略读的形式，快速浏览全文，不必浪费大量的时间在每一个单词的理解上。如果阅读目的是对文章某一细节的了解，那么学生就可以采用跳读的形式，将无关的信息省略掉，直接跳到与这一细节相关的信息上。这样的阅读不仅节省了时间，还提升了学生的阅读速度。因此，在高校英语阅读教学中，教师要注意对学生阅读技巧的培养。

二、高校英语阅读教学的原则

（一）因材施教原则

在阅读教学过程中遵循因材施教原则，就是指教师要根据学生的个体差异，采用不同的教学方式和方法，力争使每个学生都能相应地发展阅读技能。例如，有些学生基础较好，有着浓厚的学习兴趣，基本的阅读根本不能满足他们的阅读欲望，针对这样的学生，教师可布置一些具有挑战性的阅读任务，或向其推荐一些名著等。而有的学生阅读基础较差，由于自己较差的成绩而失去信心，自暴自弃，对于这样的学生，教师应在教学过程中不断鼓励和表扬他们，以使他们重新建立信心，同时给他们布置一些难度较小的阅读任务，然后逐步增加难度，使他们不断进步。总而言之，教师要关注每位学生的特点，并根据学生的特点采用不同的教学方法和手段，以显著提高教学效果。

（二）激发兴趣原则

兴趣是最好的老师，无论何种学习，抓住学生的学习兴趣才能得到最好的效果。就阅读教学来说，学生对阅读是否产生浓厚的兴趣是教学成败的关键。有了兴趣，学生才能产生积极、主动的学习热情。因此，教师要注意教学内容的适当变换和教学形式、教学手段的多样化，尽量避免教学活动的枯燥乏味，从而激发学生的阅读热情和兴趣，使阅读教学经常保持新鲜感，使学生学会阅读、乐于阅读，变被动阅读为主动阅读，不断提高阅读水平。

（三）循序渐进原则

学生阅读水平的提高是一个循序渐进的过程，不可能一蹴而就。因此，在教学过程中，教师应遵循这一原则，对阅读材料的选择、阅读方法的选择、任务的完成等进行细致周密的考虑，并引导学生寻求最适合自己的学习方法，扎扎实实地学习，最终完成阅读任务，提高阅读水平。

（四）真实性原则

阅读教学要遵循真实性原则。概括来说，阅读教学的真实性包括以下两方面的含义。

1. 阅读材料的真实性

所谓阅读材料的真实性，是指教师所选择的阅读材料最好是和学生的日常生活相关的，最好是学生喜闻乐见的文本材料。另外，材料所使用的语言应符合学生的语言水平。不同的阅读材料既可以用来专门训练学生的某一项或某几项阅读技能，也可以用来训练学生的综合阅读技能。

2. 阅读目的的真实性

所谓阅读目的的真实性，是指教师应根据教学目的设计阅读教学活动，选择合适的教学方法，设计有针对性的练习。人们阅读可能是为了获取信息或者验证自己已有的知识，可能是为了批评作者的思想或者写作风格，也可能单纯为了消遣或者打发时间。不同的阅读目就需要不同的阅读教学方法和练习设计。不同的阅读材料可以用来专门训练学生的某一项或几项阅读技能，也可以用来训练学生的综合阅读能力。教师必须通过差异化的教学方法和练习帮助学生完成各自的阅读目标。

总的来说，真实性原则要求教师根据实际情况，通过差异化的教学方法和练习，帮助学生完成各自的阅读目标，从而提升教学效果。

(五) 层层设问原则

层层设问原则，顾名思义就是指教师在阅读教学中提出的问题应该具有层次性，一环扣一环，按照一定的梯度，逐步揭示文章的主题。设置的问题应从简单到复杂，层次分明，使学生在简单问题的回答中获得自信，从而更加愿意开动脑筋、积极思考之后的问题，在不知不觉中提高自己的阅读理解能力。

(六) 综合性原则

综合性原则要求阅读教学必须做到课堂教学与课外教学相结合，精读与泛读相结合，阅读量与阅读能力共同提高。就国内英语阅读教学现状而言，普遍存在重精读、慢读，轻泛读和快读的问题。这一现象一方面导致学生纠结于语言层面的知识，而阅读量不够、速度慢、质量差。另一方面，语言输入不足直接影响了学生阅读能力提高的进度，并最终影响学生总体语言水平的提高。对此，英语阅读教学应坚持综合性原则，将精读、泛读、快读结合起来，不仅要重视加强精读教学，还应注意培养学生的泛读和快读能力，做到“精、泛、快”相结合，全面提升学生的阅读水平。

三、高校英语阅读教学渗透中国传统文化的途径

随着教学的不断发展，教师应及时转变观念，调整教学内容和手段，在以教授英语语言和英语文化为主的英语教学中适当导入相关中国文化知识，提高英语学生用英语表达中国文化的意识和能力。阅读是语言技能的基础，能与其他技能交互作用，能带动其他语言技能的发展，是人们获取信息、进行交流的重要途径，也是最为重要的语言输入过程。阅读材料的选取需考虑能使学生获得有效的语言知识输入，同时，其多样选择性也为将中国文化导入英语阅读提供了可能性，阅读课堂理应成为英语教学中进行中国文化导入的最主要平台。

（一）进行文化渗透

渗透法是指教师抓住各种机会，利用各种教学手段，在教授英国文化知识的过程中不断地向学生渗透历史地理、风土人情、日常生活等中国文化知识。高校英语阅读教材在文化内容上涉及自然、社会、人文等，具有相当的广度和深度，每篇阅读文章都反映了一定的文化知识。例如，教师在教学时可渗透中国唐诗的相关知识，介绍唐诗的历史背景和书写习惯，或让学生阅读欣赏一些唐诗的英译版。这样可以激起学生对中国文化的兴趣，有利于培养和提高学生用英语表达中国文化的意识和能力。

文化渗透一般通过语言学习的输入与输出来完成。英语阅读教学中的中国文化输入是指选取有关中国文化的英文资料供学生阅读；输出是指在阅读考查中可以设置相关题目进行反馈评价，如问答题，要求学生谈谈对阅读材料中有关中国文化的理解，或与其所了解的中西方文化的区别等。

（二）开展游戏

游戏法是教师在英语阅读教学中，利用问答、知识竞赛、谜语、文艺表演、角色扮演或者自己设计的各类小游戏贯穿课堂，调动学生对中国文化的学习兴趣，培养学生对中国文化的英语表达能力。例如，角色

扮演，教材中适合角色扮演的任务有许多，如在讲授文化遗址时，教师可以引导学生根据教材内容模拟真实情境编对话，扮演导游互相介绍自己所熟知的中西方文化遗址知识。身临其境的角色扮演，可以使学生及时掌握并且灵活运用所学知识，起到对所学知识举一反三、巩固提高的作用。

（三）组织课外活动

课外活动法是教师引导或学生自主在课外时间进行拓展阅读或参加跨文化交流活动，主动培养学生对中国文化的英语表达能力。教师可以布置与教材内容相关的课外拓展阅读，也可推荐一些与课文不相关但属于中国古典名著的英文简写版、节选版或者中英文对照版，让学生根据自己的能力水平与实际情况自行选择阅读。

此外，教师可利用课余时间组织学生参加跨文化交流活动，如加强与外国留学生交流互动等。跨文化交流活动可以使学生在不自觉中培养跨文化交流意识，体验跨文化氛围，在开阔视野的同时，激发学生的文化学习兴趣，减少课堂学习的疲劳感，为今后的学习奠定良好基础。

综上所述，阅读是一个接收信息、加工信息和输出信息的重要过程，是语言学生习得目标语语言和文化，获取各种英文信息并进行跨文化交流的重要手段。在高校英语阅读教学中强调目的语文化学习的同时，通过文化比较、文化渗透以及文化活动等方式，适当地导入中国文化信息，培养学生准确地使用英语表达中国文化的能力是高校英语教学改革的重要内容。在高校英语阅读课堂中导入中国文化，可以在一定程度上使英语学生克服“中国文化失语症”，进而改变我国在跨文化交流中的“文化逆差”现象。

第四节　中国文化与英语写作教学的融合与渗透

写作是书面语传递信息的一种交际能力，凡是具有良好素质的外语人才都必须具备这种能力。作为英语学习培养的重要基本技能，英语写作也是高校英语教学的重要内容之一。传统的写作教学法垄断课堂，造成了学生缺乏写作兴趣，没有写作热情，甚至畏惧写作的局面，最终导致学生写作能力较差，写作水平不高。长期以来，如何有效地进行英语写作教学成为困扰众多教师的难题。近几年来，随着中国经济的快速发展以及新理念的产生，将中国传统文化融入高校英语写作教学成为培养学生写作技能、激发学生写作兴趣的重要方法。

一、高校英语写作教学的内容

好的文章必须具备完整的结构、流畅的语言、充实的内容等，因此结构、句式、选词、拼写与标点符号等就成为英语写作课堂教学的主要内容。

（一）结构

第一是谋篇布局。谋篇布局是写作的前提和基础，只有了解了不同题材和体裁文章的谋篇布局，作者才可以根据写作目的选择适当的扩展模式，因此谋篇布局就成为英语写作教学的重要组成部分。从篇章结构上看，写作的结构一般是“引段—支撑段—结论段”。而从段落的结构上看，结构一般是“主题句—扩展句—结论句”。不同题材、体裁的文章，有着不同的布局方式。例如，在说明性文章中，主题句主要用来介绍主题，扩展句主要以时间、重要性等顺序扩展细节、说明主题，结论句则是重述主题、描述细节；而在议论性文章中，主题句主要用于陈述作者认为正确的观点，扩展句是以说明的顺序扩展细节阐述原因，结论句则重点用来总结或重述论点。

第二是完整统一，有经验的作者往往能考虑到文章写作的完整统一性，英语写作教学的目的就是培养学生成为熟练、有经验的作者，所以完整统一就成了教师教学的内容之一。具体来讲，文章的完整统一是指文章中所有的细节都必须服务于主题，如所陈述的事实、原因、例子等内容都围绕主题陈述展开，或与主题相关。而所有偏离主题的句子都要删除，同时要保持文章段落的完整性。

第三是和谐连贯，文章的写作除了要考虑谋篇布局、保持文章完整统一之外，还要兼顾文章的和谐连贯。所谓和谐连贯，是指句子与句子之间必须紧密相连，内容之间必须衔接流畅，段落与段落之间必须环环相扣，最终整篇文章要做到流畅自然、和谐统一。要保证文章和谐连贯，采用恰当的起连接作用的词或词组是一个很好的方法，因为连词的使用可以引导读者随着作者的思路去思考问题。此外，过渡语的使用可以起到增强文章连贯性的作用，所以在写作中可适当使用过渡语。

（二）句式

文章是由一个个句式组成的，所以句式是英语写作教学的重要内容。英语句式的种类繁多，按复杂程度划分有简单句、复杂句、并列句等，按语法顺序划分有正常句、倒装句等，按句子长短划分有短句、长句等。如果学生能在文章的写作中运用多样的句式来表达内容，能够有效增加文章的文采，对自己的写作能力也能起到很好的锻炼作用。所以，教师在教学中应重视对学生句式的训练，以增加学生对句式的认知，促使学生掌握正确、多样的表达方式，进而写出优秀的文章。

（三）选词

词汇是构成文章的基本单位，词语的选择对文章的写作至关重要，自然选词也就成了英语写作教学的重要内容。在英语写作教学中，教师应让学生明白，词语的选择体现着一个人的写作风格，与个人爱好有关，并让学生注意在选词过程中考虑语域、对象等因素，同时要有意识地教授学生一些选词和用词技巧。

（四）拼写与符号

拼写与符号是写作的基础，如果没有拼写与符号，那么选词、组句、成篇就不可能完成，因此拼写与符号也是英语写作教学的重要内容。对此，在设计写作教学方式和内容时应将拼写和符号这些因素考虑进去，以提高学生拼写和运用符号的能力，进而增强写作教学的有效性。

二、高校英语写作教学的原则

在英语写作教学中，教师应该遵循如下几项原则。

(一) 以学生为中心原则

由于受到传统英语教学模式的影响，很多教师仍奉行“教师＋黑板”的方式来进行写作教学。在这种教学模式中，教师是整个教学活动的中心，学生只是被动地接受知识。随着英语教学改革的推进，越来越多的人开始意识到学生才是教学的主体，任何教学活动都应围绕学生及其需求来进行。因此，现代英语教学为切实提高学生的英语水平，对学生的学习规律给予了充分的重视与尊重，并积极倡导以学生为中心的教学理念。英语写作教学是英语教学的重要组成部分，同样要遵循以学生为中心的教学原则。教师在英语写作教学的过程中应将自身的主导作用充分发挥出来，树立以学生为中心的教学思想，尊重学生的主体性，切实提高教学质量，提高学生写作水平。以学生为中心的教学原则要求教师在教学过程中鼓励学生真正参与到教学中。为此，教师可以采用小组讨论的方式进行教学。小组讨论主要有以下几种方式，教师可以根据教学实际和学生水平灵活加以运用。

1. 复习式

复习是一种帮助学生巩固所学知识的很好的方法。此外，通过复习，学生可以了解自身的薄弱之处，从而有针对性地加以改进。需要注意的是，在采用这种讨论方式时，教师切忌简单地重复知识，而应该使学生对知识保持新鲜感，以激发学生对讨论的兴趣。

2. 提问式

在小组讨论过程中，提问是一个核心环节。提问的作用是多方面的，它既有利于降低学生的写作难度，还可以引导学生归纳信息、表达思想，学生之间的提问还可以鼓励学生开口，勇于质疑。提问的重点在于得当性，这主要体现在两个方面：首先，教师提问的方式要得当；其次，教师提问的次序要得当。教师应向学生提出明确的问题，从而使学生能够清楚地把握问题的对象，使教师能通过学生的回答得到有效的反馈信息，深入了解学生的学习状况与能力。此外，教师在提问时，为了避免课堂秩序的混乱，还要提前对回答的方式予以规定，如写在纸上或举手回答。此外，教师提出的问题应覆盖不同的难易程度，从而使不同能力与水平的学生都能积极参与进来。

3. 卷入式

卷入式也是小组讨论的重要形式。在大部分情况下，这种方法可以让尽可能多的学生参与到写作教学中。为了向所有学生提供参与、回答的机会，教师可灵活采取多种方式，如让学生重复问题或重复答案、让学生提出问题、让学生集体回答等。

4. 反馈式

如果想了解学生的基本情况，反馈式是一种十分有效的方式。小组讨论的效果在很大程度上取决于是否能随时获得全班的反馈信息，因为教师正是根据反馈信息对课堂进展进行及时调整的，以此来保证全体同学都能参与进来。具体来说，教师如果想了解每位学生的情况，可以让学生将答案快速地写在纸上，然后对全班进行巡视与检查。通过巡视，教师就可以获得反馈信息。

5. 学生互助式

学生互助式为多名学生共同完成一个问题的回答或者学生之间的相互问答提供了平台，学生在此过程中还能够学会怎样尊重、支持他人的观点。需要注意的是，学生互助式的关键在于鼓励同学之间相互协作，解决难题，而不是由教师直接给出答案。

上面简单介绍了小组讨论的几种主要形式。实际上，教师应根据学生的英语水平与班级的大小来综合考虑，因此，可以有多种多样的组织讨论的技巧和形式。此外，各种技巧也是互相联系、相辅相成、融会贯通的。因此，教师在组织一次讨论活动时，可灵活使用各种技巧。无论教师采取哪一种或哪几种技巧，都应将每位参与者的兴趣充分调动起来，从而使他们开动脑筋，积极参与。总之，教师在英语写作教学过程中，要时刻以学生为中心，将这一原则贯穿到写作教学的各个环节。

（二）循序渐进原则

做任何事情都不是一蹴而就的，而是一个循序渐进的过程，英语教学尤其如此。人们对知识的认知总是有一个由浅入深、由低到高、从简单到复杂、从旧质到新质的不断变化和反复巩固、完善的过程，这就决定了学生英语水平的提高需要经历一个长期的持续练习过程，而不可能是一朝一夕就完成的。所以，教师在英语写作教学中要时刻谨记循序渐进原则，遵循先易后难、循序渐进的教学规律。具体来说，在英语写作教学中，循序渐进主要有三个方面的含义：

①就语言本身来看，句子写作是写作训练的基础，然后逐步过渡到段落与语篇。英语写作中的最小单位是词汇，将词汇按照一定的规则进行排列就形成句子；在此基础上，人们借助句子相互传递信息、交流思想；而当句子按照逻辑相关性的系统排列时，就形成了语篇。由此可见，从词到句子再到语篇，是由简单到复杂的循序渐进过程。因此，学生要想打下良好的写作基础，首先必须从单词、句子的写作抓起，然后逐步向语篇过渡。在学生掌握了基本句型并能够写出简单的句子时，教师可以要求学生根据一些体例写出小段的文章。在具体的练习过程中，教师应从方方面面来引导学生养成良好的写作习惯，如对标点符号、大小写予以充分关注，能够熟练、正确地进行字母、单词和句子的书写等。而在文章的写作中，教师要教会学生如何构思文章，分析段落结构、段落的中心句、句与句之间的逻辑关系，运用正确的写作技巧等。

②从写作训练的活动来看，也要遵循从易到难的规律，先进行简单训练，然后逐步向复杂训练过渡。为此，卜玉坤教授曾提出了“高校英语写作分阶段教学的具体方案”，这一方案很好地遵循了写作训练活动循序渐进的原则。具体来说，该方案包括十个阶段：写简单句；写复合句；段落的组成及要点；文章的文体类别；段落的发展方法；文章的结构；写作的书面技术细节与修辞手段；写作步骤；范文分析和题型仿写；独立撰写实践。

③文章主要有叙述、说明、描写、议论四种文体，因此，写作教学也要注意这四种文体的写作练习。具体来说，在进行训练时，应以单项表达方式的训练为切入点。此外，训练中的字数要求应按照从少到多的顺序逐渐提高，应在学生对各单项技能都掌握之后，再开展包括两项到多项技能的组合训练。对于教师来说，可以先向学生讲解各种文体及其语言特点，然后说明写作要求和字数要求。在学生对各种表达方式的单项技能能够熟练运用之后，再安排学生进行简单应用文的写作练习。

总之，教师在写作教学中要切实遵循循序渐进的原则，不可不顾学生的写作实际盲目推进教学，这样只会适得其反。

（三）注重基础原则

在具体的教学过程中，教师经常会发现学生的习作存在这样那样的问题，如套用作文模式、语言基础不扎实、细节写作不完善等，这些都提示教师在写作教学中要先帮助学生打好写作的基础，这样才能真正帮助学生将写作水平提升到一个新的高度。在此主要讨论英汉对比对学生写作的重要影响。

众所周知，英汉两种语言分别属于不同的语系，因此，具有不同的语言特点。如果学生长时间受汉语思维影响，就很容易在英语写作过程中体现出汉语的表达方式，即平时所说的中式英语。因此，教师在英语写作教学中要注意加强词汇和句法的英汉对比教学，帮助学生了解两种语言之间的差异，避免在写作中犯错。

具体来说，在词汇教学中，教师要注意避免英汉单词语义的直接对应性，应注重单词的上下文语境等，以免学生在写作时逐词套译。在句法教学中，汉语句子注重“意合”，强调通过语义将句子连接起来，而英语句子注重“形合”，句子之间往往通过连词等来连接，教师要注意加强此类对比，让学生多了解以英汉两种语言为母语的人的思维方式的不同。整体来说，以汉语为母语的人习惯整体思维，常常按照先整体后局部、从大到小的顺序排列，英语为母语的人则相反。

(四) 综合发展原则

英语学习是一个系统的过程，写作只是英语教学的一部分，况且英语各项基本技能不是孤立存在的。综合发展原则也就是与听、说、读、写、译相结合的原则。虽然听、说、读、写、译各有自己的特点，但在本质上它们之间是相互依赖、相互促进的关系。

①写与听相结合。听是重要的语言输入方式，学生通过大量的听，有利于积累写作素材。教师可多布置一些听写任务，同时，要求学生学会听讲、做笔记，这样不论对听力还是对写作都大有裨益。此外，把听作为输入的方式可获取写的内容，从而以写来反映听的结果。

②写与说相结合。说可以为写奠定基础，而写则是说的发展。此外，说和写都属于信息输出的途径，也都是表情达意的重要手段。教师可以让学生先口头叙述后书面表达，以说作为写的准备，在说的基础上练习写作。

③写与读相结合。语言信息的输入主要通过读与听来完成，学生在阅读范文的过程中可以获取一系列的写作资源，如语言、观点、篇章结构等资源，这些通过阅读获得的写作资源在一定程度上能够减轻学生的写作负担。教师在开展写作教学时，可要求学生改编课文对话，同时，对时态、人称等方面的变化予以充分关注。此外，教师可以鼓励学生将课文的主要内容用自己的语言复述出来，这些练习有助于学生写作水平的提高。

④写与译相结合。在进行翻译训练的过程中，学生不仅能够提升语言意识，其写作能力也会得到相应的提高。具体来说，教师可以对学生进行表达习惯、句法规则以及篇章结构等方面的指导，让学生了解英汉两种语言的异同，增强思维转换的能力。

(五) 多样化原则

只积累基础语言知识是不能提高写作技能的，写作技能的掌握还需要不断的训练才能完成。因此，在英语写作教学中，教师应设置多样化的训练来锻炼学生的写作能力。教师可以在写作教学中让学生进行仿写、缩写、扩写、改写、情景作文等练习，使学生在实践练习中掌握写作技巧。例如，在仿写练习中，可先让学生观察，然后进行临摹，之后再自主学习，这样学生逐渐就会达到熟练的程度。关于缩写，可按照关键词—思考—讨论—复述—动笔的思路进行，将课文中的关键词连接起来，然后写出本课的主题或中心思想。扩写能够激发和培养学生的想象力，但学生的想象要符合实际。改写则有助于学生深入了解原文，利于学生把握文章的中心思想。情景作文需要学生积累平时所学的知识点，进而将这些知识点进行提炼并转化为富有情感色彩的文字语言，这有助于锻炼学生的综合能力。此外，在英语写作教学中采用多样化的练习方式，对于激发学生的学习兴趣也十分有利。

（六）系统性原则

我国英语写作教学过程比较缺乏系统性，主要表现在以下几个方面：

①缺乏科学的教学计划。针对大纲规定的教学任务，教师没有制订科学的教学计划，使得教学目标的实现没有可靠的保证。

②缺乏充足的时间保障。除了英语专业，很多学校由于课时有限，写作并不单独设课，而只是在阅读课或是口语课中捎带进行讲解，最终使写作教学变成了一个附属品，常常是教师利用课堂的一点剩余时间，任意指定一个题目，让学生写篇作文。

③缺乏系统的教材。目前还没有一套专门而又系统的写作教材，写作大都安排在每课的最后，而教师由于时间的原因，往往通过布置作业的形式来完成，这就无法达到提高写作教学质量的目的。

④缺乏系统的练习。要想写好文章，必须建立在积累大量材料的基础上，进行大量的系统练习，并且掌握写作的基本方法和技巧，这样写起来才能得心应手。由于我国英语课时有限，学生很难得到有效的系统训练。

对于以上问题，教师和学校都应当本着以学生为中心的教学态度，从宏观方面系统性地加以解决。否则，英语写作教学的效果必定会受到影响，学生的写作能力也很难得到提高。

（七）真实原则

我国英语写作教学的目的不是让学生为了写作而写作，更不是让学生应付考试，而是让学生能够运用写作进行自如的交际。因此，英语写作教学应当坚持真实原则，努力联系学生的实际生活，让学生在写作过程中有话想说。如果写作缺乏真实性，那么学生就感受不到写作的意义，也就无法对写作产生兴趣。对此，教师可让学生用英文写求职信、个人简历等，这些实用性文体的写作可将写作与学生的现实生活联系在一起，更能激发学生写作的积极性，也能提高学生的学习效率。

（八）重视评估原则

教师在写作教学中尤其要注重评估，写作教学并不是要求学生写完作文交上就完事了，学生的习作肯定会存在这样那样的问题，教师只有进行认真的评阅，才能使学生及时得到反馈信息，以进一步修改习作，不断提高其写作能力。一般来说，写作教学过程中涉及的评估主要有两种，即结果评估和过程评估。

1. 结果评估

“写作成品”是写作完成的标志，对写作结果的评估也就是对学习成绩的评估。在传统的教学环境中，教师通常采取“等级”方式对学生上交的作业进行评估，即结果评估。这种评估方式虽然可以在一定程度上帮助学生发现问题，但其缺点也是十分明显的，既增加了教师的负担，也容易使学生失去写作的信心。

根据相关研究成果，要想切实帮助学生提高写作水平，仅依靠写作惯例的监测是远远不够的，还应使用建设性、鼓励性的反馈。此外，对写作过程与写作内容的评估也有助于培养学生对写作的兴趣和正确态度。在面对学生的错误时，教师应避免过度纠错对学生自尊心带来的伤害。教师在学生几经修改或校稿以后及时进行反馈是目前较提倡的做法。教师在给出反馈时，应当以鼓励为主，并在必要时指出需要改进之处。

2. 过程评估

对于英语写作来说，结果评估多于过程评估。然而，如果将写作教学看作一种过程，过程评估的重要性也是不言而喻的。一般来说，过程评估具有十分丰富的形式，并且是在写作过程中进行的，既可以由教师进行评估，也可以在教师示范如何评估的基础上由学生以讨论的方式进行。教师可在互评讨论环节为学生提供一些可参考的问题。需要注意的是，这些问题应当对互评起到关键性的作用。此外，学生自评也是过程评估的有效形式。在学生互评或自评时，教师应当提供必需的评估工具，如自我评价表等，给出评估的指标、评估的标准和粗略的评估等级等，使学生在互评和自评过程中掌握一定的依据和方向，增强对自己的评估能力的信心。

三、高校英语写作教学渗透中国传统文化的途径

在高校英语写作教学中，由于受目的语文化主导的教学理念影响，教师对母语文化的引入重视不足，学生的母语文化英语表达能力欠缺，“母语文化失语症”问题严重。因此，有必要在英语写作教学中加强中国传统文化的输入，发挥“母语文化”在丰富学生英语写作的素材、激发学生的写作热情、活跃课堂氛围、提升学生的跨文化交际能力等方面的作用，从而全面提升英语写作教学的整体水平。

（一）丰富写作素材

中国文化博大精深，瑰丽璀璨。它像一口富矿，给教师源源不断地提供写作话题，丰富学生的英语写作素材。在英语写作教学中，教师可根据不同的教学内容，选择不同的母语文化语料，开展相应的写作训练。例如，在学习记叙文体裁时，可以以中国民间故事为题材练习，帮助学生掌握英文记叙文的几大要素和写作要领。在学习说明文体裁时，可以以中国的传统节日、中国书法、戏曲、古典文学、饮食文化等为内容进行训练，引导学生调动其主观能动性，对话题内容信息进行梳理整合，让学生体会说明文中逻辑之严密、表述之清晰，在学习议论文体裁

时，可以以国内的社会事件为话题，让学生评议，引导学生关注议论文中论述的严谨、结构的清晰。总之，所有关乎中国的素材，传统的、即时的，来自书本上的、杂志上的、报纸上的、网络上的，只要是权威的、规范的，都可以选取为英文写作课堂的教学材料。所选出的材料既可以用作范文供学生模仿，也可以从中筛选写作话题，作练笔之用。这样，学生的写作内容就丰富了许多，教师也不必再为寻找好的写作训练话题而苦思冥想。

（二）采用新颖的教学模式

英语写作是一门难度较大，极具挑战的课程，写作过程需要调动主观能动性，学生对英语写作往往兴趣索然。而传统的英语写作教学以讲授写作技巧为主，范文赏析为辅，教学方法单一，课堂氛围比较枯燥刻板。把母语文化引入英语写作课堂教学后，教学模式可采取“范文赏析为主，技巧讲授为辅；动笔练写为主，口头表达为辅”的模式。“范文赏析为主，技巧讲授为辅”的英语写作课堂为学生提供题材丰富的范文，特别增加与中国有关的英语文章；引导学生阅读各类英文报刊，从中了解相关的表达方法。这样既可培养学生的英语思维模式，积累语言素材，也可帮助学生养成良好的写作习惯，克服对英语写作的畏难情绪。“动笔练写为主，口头表达为辅”模式改变了单一的写作训练形式，建立多维度的英语写作课堂教学，教学形式灵活多样，教学活动丰富多彩。除了以动笔练写为主要写作训练形式外，还可以采取其他活动形式，如口头作文、看图说话、看新闻、写故事、小组讨论、小组 PPT 陈述等。

总体而言，外语教育的最终目的就是培养跨文化交际能力的人才。学生的跨文化交际能力的高低主要取决于其英语的实际应用能力以及社会文化能力。因此，学生在努力提高英语语言表达能力的同时，要不断提升综合人文素养。

第五节　中国文化与英语翻译教学的融合与渗透

在经济全球化的今天，我国与世界各国在经济、政治、文化方面的交流日益频繁，社会对英语翻译人才产生了巨大需求。但是，就目前情况来看，我国缺乏应用型英语翻译人才已是不争的事实。之所以出现这种情况，与我国高校英语翻译教学的现状不佳有着直接的联系。纵观我国的高校英语教学现状，“译”在英语的五项基本技能中一直没有得到应有的一席之地，有时甚至被忽视，而且高校英语翻译教学本身的内容与方法也略显陈旧，这必然会导致学生翻译训练受限、翻译能力无法有效提高等问题，进而不能达到社会的要求。因此，改善高校英语翻译教学的现状、改革高校英语翻译教学的方法、培养学生的英语翻译能力是当务之急。其中，在高校英语翻译教学中渗透中国传统文化是改善高校英语翻译教学现状、激发学生学习兴趣的有效方法，而且能加深学生对中国文化知识的了解。

一、高校英语翻译教学的地位

开展翻译教学，目的在于培养高素质的英语翻译人才。总之，翻译教学有着重要的地位和作用，具体表现为如下几点。

（一）利于增加学生的文化背景知识

众所周知，翻译不仅是两种语言之间进行的转换活动，更是两种文化之间的转换活动，因此为了保证翻译的质量，学生就必然需要掌握语言背后的文化。这就是说，在翻译教学中，教师除了给学生讲授翻译知识外，还需要将文化层面的知识融入进去。当然，文化知识不仅包括目的语文化知识，还包括母语文化知识，对两种文化知识进行对比，从而让学生了解语言差异产生的根源。因此，通过翻译教学，学生可以掌握很多与语言相关的文化知识。

（二）利于提高学生的英汉语言修养

学生在翻译时，不仅要保证译文的完整性与对母语意义的准确再现，还需要保证译语的风格与源语的风格相一致、译语的修辞手段与源语的修辞手段相一致。因此，通过翻译教学，教师可以引导学生学会这些内容，从而提升学生的英汉语言素养。对于不同的文体，教师需要引导学生保证不同文体的特色。例如，对于科普类语篇的翻译，教师需要告诉学生：译文应该做到简练，避免深奥、晦涩，让读者可以轻而易举地获取自己想要知道的信息。在学习翻译时，学生往往会经过多重训练，这对他们提升自身的语言素养有着重要作用。

（三）利于培养学生的跨文化交际能力

无论对于英语而言，还是对于汉语而言，它们都有自身的、特定的交际模式。在进行翻译时，学生不仅需要掌握英汉两种语言知识，还需要掌握英汉两种文化知识，尤其是两种文化的差异性，这样才能掌握特定的交际模式。如果学生不了解这种交际模式，那么必然会产生交际的障碍。在翻译教学中，教师通过讲解两种文化的差异性，有助于学生掌握一些交际模式，从而便于开展跨文化交际。

（四）利于满足社会对翻译人才的需求

时代不同，社会对英语人才的需求必然也存在差异，因此，英语教学的模式也必然存在差异。近年来，随着全球化的推进，国家与国家之间的交往更为紧密，这就需要翻译发挥中介与桥梁的作用。译者翻译得是否流利、准确，直接影响着交际的开展。21 世纪对翻译人才的需求更大、要求更高。因此，开展翻译教学显得很有必要，不仅与 21 世纪的社会需求相符，也有助于培养出高素质的翻译人才。

（五）利于巩固和加强学生的综合语言能力

英语教学包含五项技能，即我们熟知的听、说、读、写、译。在这五项技能中，翻译技能起着重要的作用，并且学生会将自身所学的知识运用于口笔译中。在笔译中，通过深层次地分析和研究源语的语音、词汇、语法等含义，从而巩固自身的这些层面的知识。在口译中，通过与对方进行交际，在对原文分析的基础上进行意义传达，这就锻炼了学生的听说能力。总体而言，翻译教学有助于其他技能的掌握与运用。

二、高校英语翻译教学的内容

翻译所涉及的内容非常宽泛，因此高校英语翻译教学所包含的内容也十分丰富。具体而言，高校英语翻译教学的内容主要包含以下几个方面。

（一）翻译基础理论

翻译基础理论知识是英语翻译教学的基本内容，也是不可或缺的内容。翻译理论知识主要包括对翻译活动本身的认识、了解翻译的标准、翻译的过程、翻译对译者的要求（译者的素养）、工具书的运用等内容。翻译理论知识的教授不仅可以使学生在宏观上掌握翻译的基本思路，还能增强学生的翻译实践应变能力。

（二）英汉语言对比

翻译是两种语言之间的转换，所以对英汉语言进行对比分析不仅仅是翻译教学的基础，也构成了翻译教学的重要内容。英汉语言对比包括两个层面的比较：一是在语义、词法、句法、文体篇章等语言层面的比较；二是在文化、思维层面进行对比，以便在传译过程中完整、准确、恰当地传达出原文的信息。

（三）常用翻译技巧

翻译技巧是翻译教学的主干，在翻译实践中发挥着重要的作用，因此翻译技巧也就构成了英语翻译教学的主要内容之一。具体来讲，翻译技巧就是为了保持译文的通顺，在内容大致不变的前提下，对原文的表现方式和表现角度进行改写的方法，包括直译、意译、释义、增译、减译、正译、反译等。

（四）人文素养

语言与文化密不可分，所以翻译不仅仅涉及两种语言之间的转换，还涉及两种文化之间的转换。在具体的翻译实践中，译者不可避免地会遇到政治、经济、历史等各个方面的内容，如果不了解一定的文化背景知识，就很难有效进行翻译。因此，人文素养也就成了英语翻译教学中不可或缺的内容。

三、高校英语翻译教学的原则

为了保证翻译教学的计划性、目的性、层次性，教师应该坚持一定的原则，在这些原则的指导下，翻译教学才能开展得更好、更有效。下面就对这些原则展开探讨。

（一）普遍性原则

翻译行为本身属于语言行为的一种，而语言行为本身具有经验性特征，这就决定了翻译教学应该坚持普遍性。通过感知对事物的经验进行把握，这种经验往往是纯粹的经验，是一种局部的、表面的经验。因此，很难普遍地说明翻译行为与现象，也很难正确地指引翻译活动。但是，我们并不能将这种经验中的开拓性与典型性磨灭掉，而是应该运用一种科学的态度来认真对待。

翻译活动在普遍性原则的指导下，能够产生新的经验，从而实现真正的调整与检验，并实现深层次的优化与修正。也就是说，教师在翻译教学中必须坚持普遍性原则，以便让学生对普遍原则的基本指导思想有清楚的了解，从而对翻译实践活动进行指导。

（二）精讲多练原则

翻译教学中要坚持精讲多练原则，其包含两大层面：一是要求精讲，二是要求多练。众所周知，翻译教学属于技能教学的一种，如果仅仅采用传统的方式来开展教学，即先进行讲解与灌输，后进行练习的方式，那么这样的教学方式很难提升学生的翻译能力。因此，就当前的翻译教学而言，教师应该将讲授与练习相结合，并在实际的练习中，让学生归纳和总结翻译的相关知识点。例如，在进行翻译练习之前，教师可以先给学生讲解一些相关技巧，然后再让学生进行练习。在学生完成一个阶段的练习之后，要对学生的练习进行仔细分析和批改，然后针对学生的练习进行讲评。需要注意的是，讲评并不仅仅是点评，而是基于对原文的系统分析，对知识进行整理，从而将其上升为理论。

（三）实践性原则

在翻译学习中，实践性是其重要的特征之一，这就要求翻译教学坚持实践性原则。在翻译教学中，教师需要为学生创造翻译练习的机会，如让学生去一些正规的翻译公司实习，通过实践来考查自己的翻译能力，如果有所欠缺，那么就需要针对欠缺进行弥补。同时，这种真正的实践训练也有助于调动学生的积极性，还能够为他们以后进入社会奠定基础。

（四）实用性原则

在开展翻译教学时，教师需要与学生的实际情况联系起来，注重实用性。由于学生的翻译学习主要是为之后的工作准备的，这种与学生实际相结合的教学，有助于调动学生的积极性，从而提升教学与学习的效果。

（五）循序渐进原则

任何活动都需要坚持循序渐进原则，当然翻译教学也不例外，急于求成显然不可取。在实际的翻译教学中，教师应该从简单到复杂、从浅显到深刻，让学生逐步学习到翻译知识，并扎实掌握。例如，在翻译教学的初期，教师应该将翻译的一些基础知识介绍给学生，进而对一些技巧和理论进行讲解。但是，如果教师反过来先讲解技巧与理论，就会让学生感觉到晦涩难懂，也很难让学生将知识运用到实践中。由此可见，在翻译教学中坚持循序渐进原则必不可少，这样不仅可以调动学生的翻译学习兴趣与积极性，还能够提升学生的自信心，提升他们的翻译技巧与能力。

（六）速度与质量结合原则

在翻译教学过程中，教师还需要注意速度与质量的结合，既不能仅注重速度，而忽视译文的质量，也不能仅注重译文的质量，而忽视速度。在翻译时，学生会更多地关注翻译的质量，害怕因为某字词的偏差影响翻译的效果。但是，这样对质量的关注必然会降低翻译速度。因此，在翻译时，除了要注重质量，还需要把握好速度，这样才能完成翻译任务。要想提升学生的翻译速度，教师可以对学生开展限时训练，让学生在规定时间内完成任务，并随着学生速度的提升，不断增加难度。当然，学生除了在课堂上进行限时练习，还可以在课下进行练习，这样可以循序渐进地把握好翻译速度，在有限的时间内完成翻译作品。

四、高校英语翻译教学渗透中国传统文化的途径

在跨文化教育背景下，高校英语教师应重视对学生的中国传统文化知识的传授，以增强学生的文化意识，提升学生的翻译能力，培养学生的跨文化交际能力。具体而言，教师可采用以下几种方法渗透中国传统文化。

（一）讲授中国文化词语的翻译方法

由于历史、地理、文化等方面的差异，汉语与英语之间并不是一一对应的。这就导致有些学生不会翻译、不敢翻译。面对这种情况，教师除了鼓励学生之外，还应重视文化内涵翻译教学，教授学生掌握相应的翻译方法，具体如下。

1. 音译法

在翻译中国传统文化词语时，常常无法找到完全对应的表达，一般情况下可采取音译法，如饺子可译为 jiaozi，叩头可译为 kowtow，土豪可译为 tuhao，端午节也可直接译为 duanwu 或 duanyang。

2. 意译法

意译法是翻译中国传统文化词语时经常采用的方法。以中国的传统美食“火锅”为例，“火锅”是中国的独创美食，在目的语文化中找不到对等的词语。如何翻译“火锅”就成了学生的难题。但是，仔细分析我们不难发现，“火锅”的主要特点是“现吃现烫，辣咸鲜，油而不腻，酣畅之极”。“烫”“辣”是“火锅”的主要特点，把“火锅”翻译为 hot pot 再恰当不过。

3. 综合法

以“七夕”为例，“七夕”又名“乞巧节”或“七巧节”，是中国的传统节日。它起源于对自然的崇拜及妇女穿针乞巧，后来又被赋予了“牛郎”和“织女”的爱情故事，所以被称作中国的情人节。如果简单地把“七夕”翻译为 Chinese Valentines Day，则会让人将其等同为西方的情人节，从而忽略了“七夕”的中国文化内涵。这时就可以采用综合法把“七夕”翻译为 Double Seventh Festival，这样既可以区别于西方的“情人节”，又体现了中国文化特色。

(二) 增强教师个人文化素养

教师的个人文化素养在高校英语翻译教学中的作用是不可忽视的，如果教师自身对中国文化及其英文表达不能烂熟于心，又不能掌握一定的翻译方法，不但不能指导学生的学习，反而会误导学生。因此，教师在不断提高个人语言教学水平的同时，更应时刻提高自身的文化素养。

(三) 增设相关中国文化选修课

社会对高校英语教学提出了新标准、新要求。虽然高校英语学时减少，但社会对英语人才的要求越来越高，开设选修课是解决这一矛盾的方法之一。开设中国文化选修课可以弥补高校英语学时不足的现状，提高教师自身的文化素养，同时可以提高当前大学生中国文化译介能力及其语言综合应用能力。

(四) 采取多种措施鼓励学生关注中国文化

教师在有限的课堂时间内无法做到面面俱到，这就要求教师鼓励学生自己去探究发现。在日常生活中，只要注意观察就可以发现很多关于中国文化的表达。例如，在餐馆用餐时不妨看看菜谱上的英译名，在旅游时关注一下名胜古迹的英文介绍，看到标语时试着将其翻译成英文，这些都会大大提高学生的翻译水平。

总体而言，在当前这样一个不断变革、不断发展、新问题层出不穷的时代，高校英语教师和学生需要共同努力不断完善和改革翻译教学方式，将知识与文化结合起来，只有这样才能更好地培养学生的跨文化意识，使学生更好地适应社会对人才的需求。

参考文献

[1]陈楚琪.课程思政视域下发挥中国文化在大学英语中的育人功能研究[J].现代英语,2022(22):111－114.

[2]陈文存.基础教育英语学科测试与评价教程[M].重庆:重庆大学出版社,2020.

[3]窦国宁.创客教育理念下的大学英语教学理论与实践[M].北京:企业管理出版社,2021.

[4]郭冬会.课程思政视域下中国传统文化在大学英语教学中的融入路径研究[J].海外英语,2022(22):156－158,174.

[5]黄雪松.大学英语混合式智慧教育研究与实践[M].长春:吉林出版集团股份有限公司,2022.

[6]李梦.传统文化融入英语专业课程思政的教学路径探索[J].湖南科技学院学报,2019(12):46－48.

[7]李培培,周扬,黄秋雨."大思政"背景下中国传统文化价值观融入英语专业教学路径研究[J].传播力研究,2020(13):169－170.

[8]李少伟.全媒体时代下大学英语智慧教育研究[M].延吉:延边大学出版社,2022.

[9]李志坤,龚明星.英语教学与思维培养研究[M].武汉:华中师范大学出版社,2022.

[10]林喆,胡进坤.英语教学融入中国优秀传统文化的实践研究[J].海外英语,2021(22):235－236,254.

[11]刘萍.文化自信融入高职英语课程路径探究[J].教书育人,2022(21):110－112.

[12]刘蕊.教育生态化视角下高校英语教学创新研究[M].长春:吉林出版集团股份有限公司,2021.

[13]陆巧华. 英语教育与教学初探[M]. 北京:北京工业大学出版社,2020.

[14]罗敏江. 基础英语教育实践与创新[M]. 北京:北京理工大学出版社,2020.

[15]蒙岚. 大学英语混合式智慧教育理论研究与实践 2[M]. 长春:吉林大学出版社,2021.

[16]邵丽君,孙秋月. 中国文化课程融入英语专业教学的行动研究[J]. 中国教育学刊,2015(A1):346-348.

[17]施莹莹,王红娟,李保丽. 英语教育教学理论与实践[M]. 长春:吉林人民出版社,2022.

[18]司显柱,赵海燕,李俊叶. 英语写作教程:2 版[M]. 上海:东华大学出版社,2020.

[19]苏芹. 当代大学英语教育背景下中国 EFL 学习者文化自信培育研究[M]. 北京:九州出版社,2021.

[20]孙鹤. 大学英语教育教学理论与实践研究[M]. 北京:中国纺织出版社,2021.

[21]孙志永. 新时代大学英语教学改革与英语教师专业发展[M]. 开封:河南大学出版社,2022.

[22]唐姿,肖锦凤. 中国传统文化在英语专业教学中的融入——以怀化学院为例[J]. 怀化学院学报,2016(12):120-122.

[23]滕学明. 英语专业美国文学选读教学中中国传统文化的融入策略探析[J]. 文教资料,2014(13):29-31.

[24]王晋娟,涂香伊,李晶. 我国英语教育教学模式的改革与创新[M]. 长春:吉林人民出版社,2021.

[25]王静. 大学英语教育与课程体系建设研究[M]. 天津:天津科学技术出版社,2022.

[26]王文庆,孟江虹. 跨文化交际视域下英语专业课程思政实践路径研究[J]. 现代英语,2022(11):107-110.

[27]乌优.高校英语专业教育中的中国文化传承研究[J].校园英语,2022(15):57—59.

[28]吴欣,崔琳琳,刘道义.中国外语教育研究丛书:英语教师专业能力及其发展途径[M].南宁:广西教育出版社,2022.

[29]鄢小兰.将中国文化融入高职《综合英语》课程的教学探索[J].校园英语,2021(26):80—81.

[30]杨阳.中国传统文化融入综合英语课程教学的探索研究[J].中国民族博览,2022(22):106—108.

[31]杨永华.实用大学英语(下)[M].北京:北京理工大学出版社,2022.

[32]尹平.基于教育生态化的英语教育教学实践[M].北京:知识产权出版社,2021.

[33]于明波.基于现代教育技术的大学英语教学改革路径探析[M].北京:中国纺织出版社有限公司,2022.

[34]张莉莉,张瑶.中华优秀传统文化融入高校英语课程思政的途径探究[J].英语教师,2022(16):12—14.

[35]张云.教育转型背景下的高校英语教育模式研究[M].北京:中国纺织出版社,2022.

[36]周红.中国文化教学融入英语类课程体系研究[J].辽宁工业大学学报(社会科学版),2015(3):97—98.

[37]朱光好.中国文化与大学英语教育融合研究[M].北京:北京交通大学出版社,2020.